Prägungs-Training

Training und Prägung von neugeborenen Fohlen

von Dr. vet. Robert M. Miller

Redaktionell bearbeitet
von Pat Close

WESTERN HORSE

Prägungs-Training

Originalausgabe veröffentlicht von

The Western Horseman, Inc.
3850 North Nevada Avenue
Colorado Springs, Colorado 80933
USA

Lizenznehmer der deutschsprachigen Ausgabe:
Ute Kierdorf Verlag
Gut Dohrgaul
51688 Wipperfürth

ISBN 3-89118-091-8

Widmung

Die schönste Aufgabe in den 32 Jahren meiner Berufspraxis war für mich immer, wenn ich zur Untersuchung eines neugeborenen Fohlens gerufen wurde. Ich wurde es nie müde, das Wunder der Geburt und die wunderbaren kleinen Kreaturen, die daraus hervorgingen, zu erleben. Neugeborene Fohlen haben mir über die ganzen Jahre hin viel Freude bereitet. Es ist ein Vergnügen, ihnen zuzusehen, und ich lernte, mit ziemlicher Genauigkeit ihre Fähigkeiten für die Zukunft vorauszusagen. In der Hoffnung, daß ich das Leben der Fohlen ein wenig einfacher und ein bißchen angenehmer gestalten kann, widme ich ihnen dieses Buch.

Robert M. Miller D.V.M.

Dr. med. vet. Robert M. Miller

"Weißt Du nicht, daß der Anfang aller Dinge immer entscheidend ist, besonders für die junge und zarte Kreatur? Denn dann ist die Zeit, in der sie sich am besten formen läßt und die gewünschte Prägung annimmt."

Plato, 3. Jhdt. vor Christus

ANERKENNUNG

Mein Interesse für das Verhalten von Pferden und meine Fähigkeit, dieses zu beeinflussen und zu formen, wurden von einigen Autoren gefördert - die einen leben noch heute, und andere sind längst gestorben.Unter den einflußreichsten waren D. Magner, Horace Hayes und Kell B. Jeffery, die alle bereits aus dem Leben geschieden sind. Immer noch einflußreich sind Tom Roberts, Dr. Jim McCall, Dr. Katherine Houpt und viele andere, die über die Psyche des Pferdes geschrieben haben.

Ich stehe auch in der Schuld einiger großartiger Pferdeleute, die mir zusätzlichen Einblick in die Verhaltensweisen der Pferde gegeben haben. Unter diesen möchte ich vor allem Pat Parelli, Ray Hunt und Maurice Wright hervorheben.

Die Pferdekennerin und Englischlehrerin Laura Wade half mir, dieses Manuskript vorzubereiten. Meinen besonderen Dank an Dr. Donald D. Draper, für seine wertvolle technische Unterstützung. Ich möchte auch meiner Frau Deborah danken, für ihre hervoragende Beobachtungsgabe und ihre Fähigkeit, die Reaktionen von Pferden zu interpretieren. Sie hat auch viele der Fotos für dieses Buch gemacht.

EINFÜHRUNG

Dieses Buch wurde nicht für den geschulten Verhaltensforscher, Psychologen oder Ethnologen geschrieben, sondern für diejenigen, die mit Pferden arbeiten. Für professionelle Verhaltenswissenschaftler wird es offensichtlich sein, daß ich kein formales akademisches Wissen in der Verhaltenskunde habe. Viele ihrer Bücher habe ich gelesen, und sie haben einen großen Teil zu meinem Verständnis in diesem Bereich beigetragen. Ich selbst habe allerdings eine sehr große Erfahrung in der Tierwelt.

Vor Abschluß meines Studiums arbeitete ich als Angestellter in einem Zoogeschäft und einer Tierpension, als Melker auf einer Milchfarm, als Kutscher für Kaltblüter, als Tierarztassistent, als Horse Wrangler, als Führer von Packpferden in den Bergen Colorados, auf der Rennbahn und in der Rodeo Arena. Verschiedentlich war ich Rodeoreiter, Pferdebändiger, Cowboy und Angestellter bei einem Hundezüchter.

Während des zweiten Weltkriegs war ich bei der US-Armee, und diese zwei Jahre waren die einzigen meiner Jugend, die ich nicht bei der Arbeit mit Tieren verbracht habe. 1951 bestand ich die Prüfung für Tierzucht und -haltung am Landwirtschaftlichen Institut der Universität von Arizona, und 1956 erreichte ich mein Karriereziel mit dem Doktortitel in der Veterinärmedizin an der Colorado State University.

Die Arbeit mit Fohlen hat mir immer Freude bereitet.

VORWORT

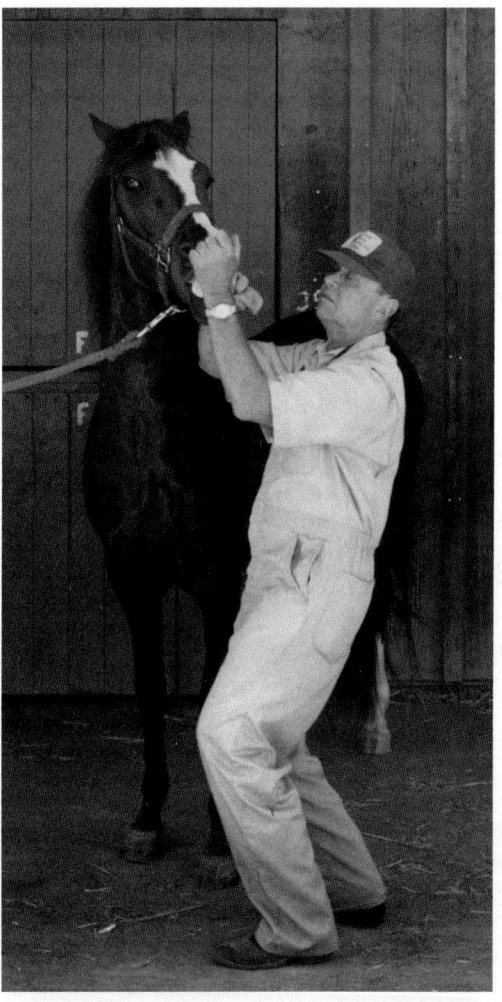

*In meiner Tierarztpraxis arbeitete ich hauptsächlich
mit Pferden.*

In den 32 Jahren meiner Praxis habe ich mit
jeder erdenklichen Spezies der Haustiere und
auch vielen Zootieren gearbeitet, da ich viele
der wilden Tiere aus der Unterhaltungsindu-
strie behandelt habe. Vor allem aber arbeitete
ich mit Pferden und habe im Laufe der Jahre
mit dieser Tierart wohl die meiste Zeit
verbracht. Die Freude an meiner Arbeit wird
deutlich in dem Hobby, mit welchem ich und
meine Familie viel Zeit verbringen, der Auf-
zucht und dem Training von Hunden, Ziegen,
Pferden und Maultieren.

Ich hätte diese Buch auch ganz korrekt „Die
Anwendung von Techniken zur Verhaltensent-
wicklung bei neonatalen Fohlen" nennen können. Sorry! Dieses Buch ist keine wissenschaftliche Ausführung; es ist ein Buch mit praktischen
Hinweisen für Leute, die direkt mit Pferden,
und vor allem mit Fohlen arbeiten. Die großarti-
gen Ergebnisse, die man mit dem frühen Training von Fohlen erzielt, sollten von höchstem
Interesse für alle Pferdeleute sein, ob Trainer,
Hufschmied, Tierarzt, Reiter, Züchter, Pfleger
oder Wissenschaftler. Die Techniken, die ich
beschreibe, funktionieren immer, solange sie
richtig angewandt werden.

Ich sehe ein, daß ich diesem Buch sehr freizü-
gig den Titel „Prägungs-Training des neugeborenen Fohlens" gegeben habe. Zum einen sind
die Begriffe „Prägung" und „Training" wider-
sprüchlich. „Prägung", wie ich später noch erklären werde, ist eine vorbestimmte Reaktion,
während „Training" das Formen und Verändern von Verhaltensmustern durch konven-
tionelle Lernprozesse bedeutet.

Die meisten Techniken, die ich hier beschreibe, beinhalten andere Lernprozesse, als es die
Prägung erfordert. Ich bin allerdings sicher, daß
das Phänomen der Prägung beteiligt ist an den
unmittelbar nach der Geburt durchzuführenden
Maßnahmen, die ich beschreibe, und ich glaube
auch, daß der Prozess der Prägung die nachfol-
genden Maßnahmen um vieles erleichtert.

Aus diesem Grund habe ich mich entschie-
den, die ganze Methode als Prägungs-Training
zu bezeichnen, obwohl ein großer Teil davon
wahrscheinlich erst nach der tatsächlichen Prägephase stattfindet. Durch den Begriff Prägung
wird auch die Wichtigkeit des frühen Zeit-
punkts im Leben des Fohlens betont... je früher,
umso besser.

Es ist eine interessante Frage, ob diese unmittelbar nach der Geburt angewandten Maßnahmen klassische physische und psychische Lernprozesse beteiligen oder einfach den Lerneffekt
durch Bekräftigung in einem jungen, unbeein-
flußten Lebewesen darstellen. Ich hoffe, meine
Bemühungen werden wissenschaftliche Untersuchungen in dieser Richtung anregen.

Für den praktischen Pferdemenschen ist allerdings die Hauptsache, daß die Methode funktioniert.

Für die meisten Dinge, die ein Pferd in seinem Leben lernen muß, um für den Menschen ein nützliches Lebewesen darzustellen, kann man die Basis legen, noch bevor ein Fohlen vier Tage alt ist. Frühes Training kann in einer erstaunlich kurzen Zeit eine ideale Beziehung zwischen Pferd und Mensch begründen, in der das Pferd dem Menschen verbunden und untergeordnet ist.

Außerdem wird das Pferd desensibilisiert gegen die tagtäglichen Reize, die Angst auslösen und normalerweise beim jungen Pferd eine Fluchtreaktion zur Folge haben; der Grund für viele der ständigen Verletzungen, die Pferde und Menschen, die mit Ihnen arbeiten, davontragen.

Darüberhinaus wird das kleine Fohlen schon bald zu einer Reaktion auf bestimmte Reize konditioniert, so daß man es leicht herumführen, anbinden oder in verschiedene Richtungen bewegen kann.

Lassen Sie mich versichern, daß ich nicht in der Illusion lebe, etwas völlig Neues entdeckt zu haben. Menschen haben schon seit tausenden von Jahren mit Fohlen gearbeitet und deren Verhalten geprägt (zum Guten und zum Schlechten), dafür existieren historische Beweise. Ich habe nur der Prozedur einen Namen ge-

Bei der Untersuchung eines freundlichen Löwen.

geben, sie ritualisiert und dabei das wachsende Wissen der Verhaltensforscher genutzt, um zu erklären, warum diese Methode so wirkungsvoll ist.

Hoffentlich werden meine Bemühungen helfen, das Training junger Fohlen bekannt und beliebt zu machen, denn momentan herrscht noch eine weitverbreitete Lehre, die den menschlichen Kontakt mit dem Neugeborenen nicht gutheißt. Falls ich Erfolg habe, werde ich durch ein leichteres Fohlenleben und eine bessere Beziehung zwischen Menschen und Pferden belohnt werden.

– Robert M. Miller, D.V.M.

Die Liste meiner Patienten schloß auch Zootiere ein, so wie diesen Schimpansen, der mir gerne helfen möchte.

INHALT

 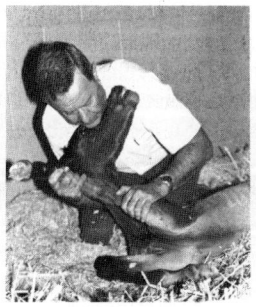  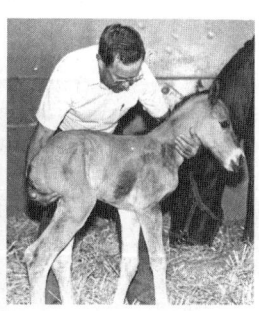

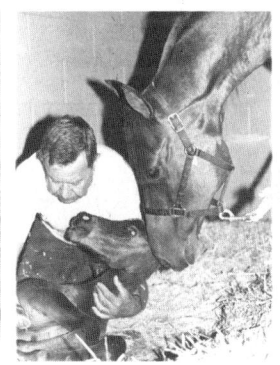

1   WAS BEDEUTET PRÄGUNG?

Ein Großteil der alten Überlieferungen ist immer noch gültig, aber vieles ist auch völlig unrichtig

Prägung kann man definieren als einen Lernprozeß, der kurz nach der Geburt einsetzt und in dem Verhaltensmuster festgelegt werden. Ich bin überzeugt, daß das neugeborene Fohlen von Natur aus geprägt ist, demjenigen großen „Gegenstand", der zur Zeit der Geburt über ihm zu erkennen ist, zu folgen und sich an diesen zu binden. Dies ist die

Grundlage meiner Theorie von „Prägung und Training", frühes Training, was sobald wie möglich nach der Geburt beginnt, und sich bestimmte kritische Lernphasen zunutze macht.

In meiner Jugend, während ich auf Western Ranches arbeitete, lernte ich vieles über Pferde von den Oldtimern. Die Informatio-

Früher wurde ein junges Pferd gewöhnlich gewaltsam eingefangen und gesattelt.   **(Zeichnung von J.N. Swanson)**

Obwohl viele Pferdeleute es bezweifeln, kann ein neugeborenes Fohlen ohne Probleme trainiert werden.

nen wurden mündlich von den Männern, die in ihrem Leben viel mit Pferden gearbeitet hatten, von einer Generation an die nächste weitergegeben. Von diesen Informationen ist vieles wahr, aber vieles sind auch Ammenmärchen und völlig unrichtig.

Zum Beispiel wurde mir gesagt, man müßte ein Jungpferd anreiten, indem man es gewaltsam einfängt und sattelt. Dann mußte der Reiter auf das Pferd und sich (hoffentlich) solange im Sattel halten, bis er nicht mehr bockte, wodurch sein „Wille" gebrochen wurde; so wurde das Pferd eingeritten.

Daß so viele Pferde, die auf diese Weise angeritten wurden, sich zu guten, verläßlichen Reitpferden entwickelten, ist wohl mehr der Anpassungsfähigkeit der Pferde zu verdanken, als der Methode. Kein Wunder, daß man von so vielen Pferden sagte, „den kann nur ein Cowboy reiten." Diese Methode wird immer noch angewandt in einigen Teilen Nordamerikas und anderen Teilen der Welt, wo Pferde auf großen Weiden gezüchtet und gehalten werden, wie Argentinien, Kanada und Australien.

Es gibt heute einige Pferdeleute, die uns deutlich gezeigt haben, daß solche Methoden unnötig, grausam und in keinster Weise ideal sind. Sie gebrauchen sanfte, schnelle und ausgefeilte Techniken bei ihrer Arbeit mit Pferden. Einige dieser Leute - wie Ray Hunt aus Mountain Home in Idaho, Pat Parelli aus Clements in Californien und John Lyons aus Parachute in Colorado - haben mit Seminaren

über den besseren Umgang mit Pferden sowie über das Anreiten junger Pferde Karriere gemacht.

Ein weiterer nordamerikanischer Mythos, den ich in meiner Jugend oft hörte, sagt, daß Frauen nie einem Hengst zu nahe kommen sollten. Man glaubte, der Geruch einer Frau würde den Hengst in Rage bringen, und sie würde den Tod riskieren. In dem letzten halben Jahrhundert haben Frauen die Welt der Pferde erobert und dominieren heute als Reiterinnen, Züchterinnen und Trainerinnen. In meiner Tierarztpraxis wurden beinahe alle Hengste fast jeder Rasse von Frauen gemanagt und gearbeitet, und sie widerlegten somit das alte Gerücht.

Tatsächlich sind die bösartigen Hengste, die man früher gewohnt war, rar geworden. Dafür gibt es wohl mehrere Gründe: Einer davon ist, daß Hengste, wie alle Pferde, aus Angst defensiv reagieren, aber meist umgänglich werden, wenn sie in einer kompetenten und ruhigen Art behandelt werden, wie sie die meisten Frauen mit Pferden zeigen.

Ein weiteres Märchen war der Brauch, nach dem Deckakt kaltes Wasser über das Hinterteil der Stute zu schütten; man glaubte, daß so die Chancen der Aufnahme vergrößert wurden. Diese dumme Sitte war, besonders im westlichen Teil der USA, weit verbreitet.

Der vierte Mythos, der bei uns herrschte, besagt, daß man sich nicht mit neugeborenen

Bösartige Hengste, einst weit verbreitet, sind selten geworden.

Pat Parelli ist sehr erfolreich mit seinen Trainingsmethoden. Hier demonstriert er, wie er ein Pferd an die Fußfesseln gewöhnt

Fohlen beschäftigen sollte. Man sagte, die Einmischung des Menschen würde die natürliche Verbindung von Stute und Fohlen stören. Ich hörte auch, daß das Streicheln von Babyfohlen diese verweichlichen würde und aufdringliche Haustiere aus ihnen mache. Außerdem verglichen die meisten Leute ein Fohlen mit einem Säugling oder einem Welpen, die bei der Geburt noch kein ausgereiftes Nervensystem besitzen und deswegen auch keine Lernfähigkeit.

So war – und ist immer noch – der Glaube verbreitet, daß man neugeborenen Fohlen nichts beibringen könne und der Versuch, es zu tun, ihnen nur schaden könnte. Diese falsche Auffassung besteht weiter, obwohl die Geschichte dokumentiert, daß einige durch die Verwendung von Pferden geprägte Kulturen sich schon früher mit neugeborenen Fohlen beschäftigten und eine Bindung schufen.

Sowohl einige amerikanische Indianerstämme, wie auch Beduinenstämme sind bekannt für diesen Umgang mit Fohlen. Auch habe ich Pferdetrainer aus geographisch so entfernten Ländern wie Kolumbien, Deutschland und den USA getroffen, die mir erzählten, daß es in ihren Familien üblich war, Fohlen gleich nach der Geburt zu berühren und sie zu manipulieren, und daß die Tradition von einer Generation an die nächste weitergegeben wurde.

In der Rennpferd-Industrie ist es weithin verbreitet, daß der Fluchttrieb, und damit der

Wille zu rennen, zerstört wird, wenn man die Fohlen gute Manieren lehrt. Dieser Irrtum ist nicht weltweit verbreitet. Ein amerikanischer Kollege, ein Tierarzt aus Kentucky, verbrachte seine ersten drei Praxisjahre in Irland und erzählte mir von seiner Überraschung, dort disziplinierte Vollblutfohlen mit gutem Benehmen vorzufinden. Ich werde auf das Rennpferd später in diesem Buch noch genauer eingehen.

Wissenschaftliche Untersuchungen haben gezeigt, daß die Phase der Prägung und der Bindung direkt nach der Geburt stattfindet und nur ein oder zwei Stunden anhält. Danach erzeugt die Anwesenheit von Fremden eine Angstreaktion in dem Fohlen. Es ist klar, daß dieses Reaktionsmuster nützlich ist, um in der Wildnis zu überleben, wo Raubtiere die größte Gefahr darstellen. Während dieser ersten Lebensstunde scheint beim Fohlen das Sehen die wichtigste Sinneswahrnehmung zu sein, die es einsetzt, um sich an große sich bewegende Objekte zu binden und ihnen zu folgen.

In der Natur wären diese Objekte normalerweise die Stute und vielleicht andere Mitglieder der Herde. Wenn wir diese Tatsache ausnutzen, können wir dem Fohlen gleichzeitig die natürliche Verbindung zu seiner Mutterstute lassen und es auch an uns selbst binden, indem wir die Verfahren aus diesem Buch anwenden.

Prägung und Training von Fohlen zerstört bei Rennpferden nicht den Willen zu rennen, wie manche glauben.

Ich bemerkte in der ersten Jahren meiner Praxis, wenn ich bei einer Fohlengeburt assistierte, die Position des Fohlens in der Stute korrigierte, es herauszog und dann trockenrieb und behandelte, daß so ein Fohlen sich anders verhielt, wenn ich es das nächste Mal besuchte. Das war normalerweise im Alter von drei Monaten, wenn es geimpft und entwurmt wurde.

Ich las jedes Buch über Tierverhalten, das ich finden konnte, und nachdem ich mich mit dem Buch von Konrad Lorenz über die Prägung von Jungvögeln vertraut gemacht hatte, begann ich zu vermuten, daß bei diesen Fohlen ein ähnliches Phänomen auftrat.

Meine Frau und ich züchten ab und zu Pferde und auch Maultiere. Um 1970 begann ich eine Routine zu entwickeln, die ich als „Prägungstraining" (Imprint Training) bezeichnete. Erst seit ich mich aus der Vollzeitpraxis zurückgezogen habe, habe ich die Zeit, diesem Interesse ernsthaft zu nachzugehen. Ich freue mich darauf, in Zukunft mehr über das Training von neugeborenen Fohlen zu erfahren, denn es gibt noch viel zu lernen.

Meine Begeisterung für diese Methode ist so groß, und ich hoffe so sehr, daß Pferde und Menschen von ihr profitieren, daß ich dieses Buch als einen Wegweiser in diese Richtung anbiete. Fähigere Pferdetrainer als ich werden die Methode übernehmen und durch sie Dinge erreichen, die für mich unmöglich erreichbar sind.

Konrad Lorenz, ein österreichischer Wissenschaftler, schuf den Begriff „Prägung". Als er mit frisch geschlüpften Gänsen arbeitete, beobachtete er, daß die Babygänse schon vor dem Schlüpfen programmiert waren, sich an das erste Ding, was sie sahen, wenn sie aus dem Ei kamen, zu binden und diesem zu folgen. Normalerweise war das natürlich ihre Mutter.

Diese Prägung zur Verbindung mit der Mutter und den Geschwistern, und der Trieb, ihnen zu folgen, trägt zum Überleben dieser Spezies bei. Das kleine Gänschen hat eine bessere Chance in der Wildnis zu überleben, wenn es nah bei Mutter und Geschwistern bleibt. Anders als das „häßliche Entlein" aus dem Märchen erkennt sich die kleine Gans als Gans.

13

Neugeborene Fohlen können schon kurz nach der Geburt vor Gefahren fliehen.

Lorenz fand auch heraus, daß die kleine Gans, wenn statt der Mutter irgend ein anderes bewegliches Objekt, wie zum Beispiel Hand oder Fuß eines Menschen oder ein Hund vor ihr war, daß sie sich in diesem Fall an dieses Objekt band und ihm folgte, wie sie normalerweise der Mutter folgen würde. Mit anderen Worten, das Gänslein prägte sich selbst auf eine Ersatzmutter.

Zuerst glaubte Lorenz, das Phänomen der Prägung sei nur bei Vögeln anzutreffen. Später erkannte man, daß dieser Prozeß im Tierreich weit verbreitet ist und daß es kritische Lernphasen im Leben von Jungtieren gibt, in denen ihr Gehirn höchst aufnahmefähig für bestimmte Informationen ist.

Während dieser kritischen Lernphasen, die nur sehr kurze Zeit andauern, kann Information nicht nur sehr schnell, sondern auch dauerhaft aufgenommen werden. Tatsächlich bleibt die gespeicherte Information aus diesen kurzen Lernperioden ein Leben lang erhalten und ist ziemlich gut abgesichert gegen mögliche künftige Veränderungen. Das heißt also, daß schon sehr früh im Leben dauerhaftes Verhalten geformt wird, dadurch wird das Temperament beeinflußt und wie es später auf verschiedene Reize reagiert.

Wissenschaftler glauben, daß zusätzlich zu den kritischen Lernphasen auch Phasen der gesteigerten Aufnahmefähigkeit existieren, die Tage oder Wochen andauern (bis zu Monaten bei Menschen) und während derer die Lernfähigkeit stark gesteigert ist. Offensichtlich gibt es hier noch jede Menge zu erfahren, und es ist ein fruchtbares Gebiet für ausgebildete Verhaltensforscher.

Bei vielen Rassen verzögert sich die Phase der Prägung, da die Jungen bei der Geburt noch kein ausgereiftes Nervensystem und Körperfunktionen haben. So werden Hunde taub, blind und völlig hilflos geboren, wie auch die Jungen von Katzen, Bären, Greifvögeln und vielen anderen Tierarten. Bei Welpen findet die Sozialisierungsphase von der sechsten bis zur vierzehnten Woche statt, wobei die entscheidende Zeit von der siebten bis zur zwölften Woche ist.

Andere Arten wiederum müssen befähigt sein, Gefahr unmittelbar nach der Geburt zu erkennen und entsprechend zu reagieren, um in der Wildnis zu überleben.

Diese werden als frühreife Spezies bezeichnet, da sie, zwar gerade geboren und noch sehr klein, in vieler Beziehung aber schon voll entwickelt sind. Sie können sehen, hören, riechen und vor Gefahren fliehen. Beispiele für frühreife Tierkinder sind Küken (Hühner und Enten), Kälber, Rehkitze und Fohlen.

Zu diesem Thema machte ich eine Beobachtung, als ich im Oktober 1989 in Kenia

14

war. Die Topi, eine der vielen Arten der in Ostafrika lebenden Antilopen, bekamen gerade ihre Jungen. Sie kalben alle ungefähr zur selben Zeit, innerhalb von ein paar Tagen. Der Vorteil liegt auf der Hand: die Raubtiere sind von diesem Festmahl überwältigt, und es ist ihnen unmöglich, alle Kälber zu reißen. So überleben genug, um diese Art am Leben zu halten. Bereits am zweiten Tag ihres Lebens können die Kälber unglaublich schnell rennen, und wir sahen, wie eines von ihnen einem Leoparden davon lief, obwohl wir dachten, daß es bei der ersten Attacke so schwer verletzt wurde, daß es wohl später allemal seinen Verletzungen erliegen würde.

Wir waren eine Gruppe von Tierärzten auf Fotosafari, und es war interessant zu sehen, daß die neugeborenen Topi keine Angst vor unseren Fahrzeugen hatten, obwohl wir ihnen sehr nahe kamen. Wenn wir uns allerdings einem 2-3 Tage alten Kalb näherten, floh dieses voller Schrecken. Die Lösung ist wieder, daß diese Beutetiere oft vorprogrammiert sind, sich an Dinge zu binden und zu gewöhnen, die sie kurz nach der Geburt sehen (normalerweise eben die Mutter), um später vor fremden Dingen zu fliehen.

Ohne dieses Wunder der Anpassung können die Arten nicht in den verschiedenen Lebensräumen überleben. Ihre Umwelt birgt für alle Tiere Gefahr, und komplexe Anpassungen der Anatomie, Physiologie und des Verhaltens sind notwendig, um den Tieren eine Überlebenschance bis zum fortpflanzungsfähigen Alter zu geben.

Ein in der Wildnis neugeborenes Fohlen muß schnell auf die Beine kommen, seine Mutter erkennen und ihr folgen, auf ihre Signale reagieren, säugen und im Falle einer Gefahr schnell bei ihr Schutz suchen. Vor allem aber muß es fit genug sein, um mit ihrem Tempo mitzuhalten, wenn sie vor Gefahr flieht. Der Fluchttrieb ist bei Pferden das wichtigste Überlebensverhalten, und schon ein paar Stunden nach der Geburt können sogar wackelige Fohlen mit überraschender Geschwindigkeit rennen, falls sie aufgeschreckt werden.

Um noch einmal zusammenzufassen: Das Fohlen kann unmittelbar nach der Geburt sehen, hören, fühlen und riechen, fast so gut wie ein erwachsenes Pferd. Tatsächlich hatte ich manche Fohlen noch im Mutterleib zu untersuchen und zu manipulieren. Wenn diese Fohlen viele Tage später geboren wurden, war es auffällig, daß sie bei Berührung nicht die normale, ängstliche Reaktion zeigten. Ich glaube, daß sie schon vor der Geburt geprägt oder zumindest desensibilisiert werden können auf die menschliche Hand und ihre Berührung.

Ein neugeborenes Fohlen in Freiheit bindet sich sofort an seine Mutter.

Mitte: Dieses Brutkasten-Entenküken wurde zuerst auf meinen Fuß geprägt, da er das erste war, was es beim Schlüpfen aus dem Ei sah. Später prägte es sich auch auf meinen Hund. Dies ist ein Beispiel von simultaner Prägung, und dasselbe findet meiner Meinung nach statt, wenn ein Fohlen nach der Geburt prägetrainiert wird; es prägt sich auf seine Mutter und den Menschen.

Foto von Debby Miller

Aus dieser Erkenntnis heraus entstand das Konzept von „Prägungstraining" (Imprint Training). Mit den Methoden, die in diesem Buch beschrieben werden, kann man Fohlen schnell und unauslöschlich innerhalb der ersten beiden Tage ihres Lebens lebenswichtige Informationen beibringen. Mit dieser Art von Training kann man vier Hauptziele erreichen:

1) Bindung an den Menschen.
2) Desensibilisierung gegenüber bestimmten Reizen.
3) Sensibilisierung gegenüber anderen Reizen.
4) Untergebenheit dem Menschen gegenüber.

2 BINDUNG UND ZUGEHÖRIGKEIT

Ich glaube, das Fohlen bindet sich an alles, was sich in der ersten Stunde nach seiner Geburt über ihm befindet und sich bewegt.

Die Geburtswehen bei Pferden sind schnell und kraftvoll, und die Stuten liegen meist beim Abfohlen. Wenn alles gut geht, und das tut es meistens, wird das Fohlen rasch aus dem Mutterleib getrieben, aber es bleibt über die Nabelschnur mit der Plazenta verbunden, die sich dann normalerweise noch in der Stute befindet.

Bald steht die Stute auf. Zusätzliches Blut gelangt dann aus der Plazenta über die Nabelschnur in den Blutkreislauf des Fohlens. Wenn die Stute sich bewegt, bricht die Nabelschnur an der dafür vorgesehenen Stelle, nahe am

Fohlenkörper, und das kleine neue Pferd ist auf sich allein gestellt.

Naß und schwach liegt es da und atmet zum ersten Mal kräftig. Wenn die Stute normal reagiert, beginnt sie das Fohlen abzulecken, womit sie es gleichzeitig trocknet, stimuliert und wärmt. Wichtiger ist: durch den Geruch und den Geschmack des Fohlens wird der Mutterinstinkt geweckt, die Stute nimmt das Fohlen schnell an, und in ihr wachsen ein überwältigender Beschützerinstinkt und die Liebe zu dem Fohlen.

Ich glaube, das Fohlen ist vorprogrammiert,

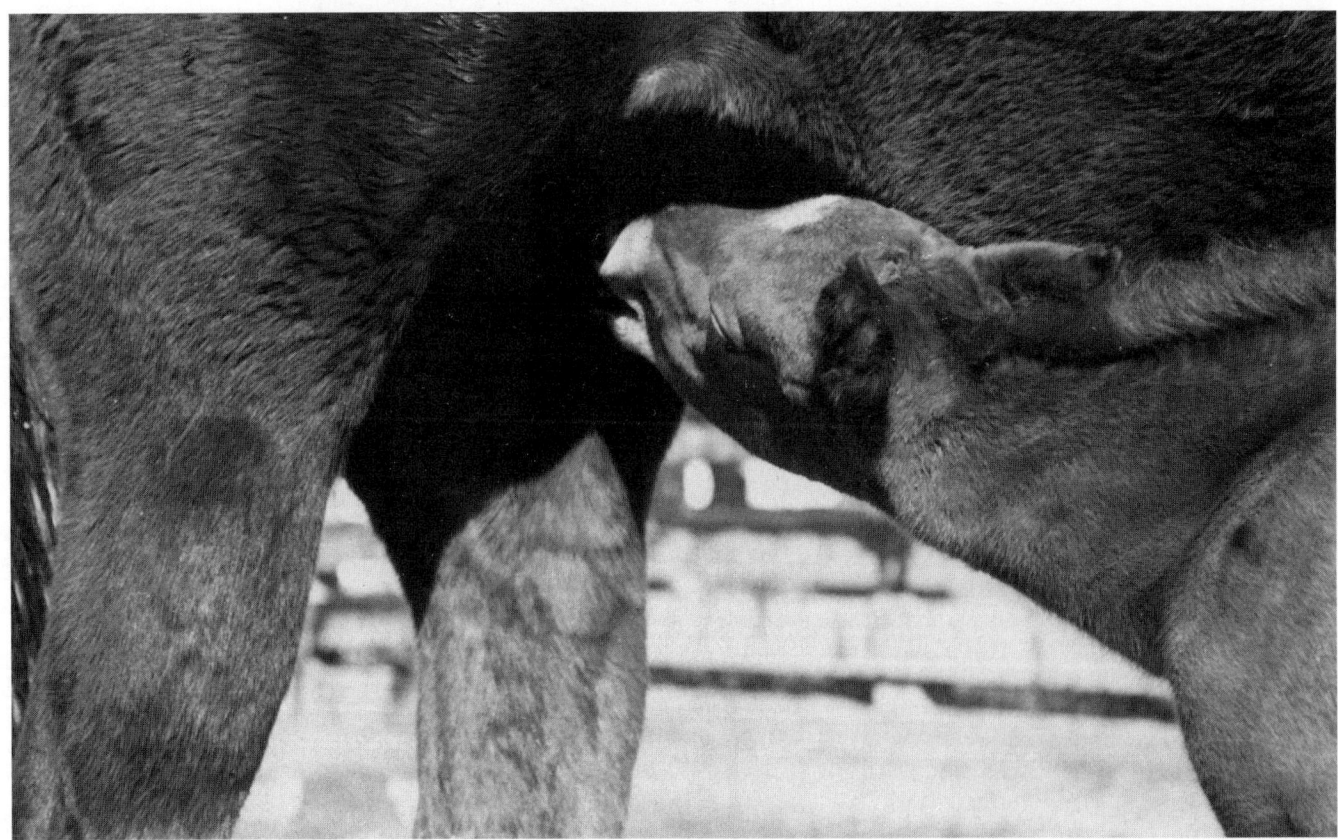

Ein Fohlen lernt schnell, wo sich die Milchquelle befindet.

16

Es ist wichtig, der Stute zu erlauben, das Fohlen abzulecken und für es zu sorgen

sich an das Wesen zu binden und ihm zu folgen, welches während seiner ersten Lebensstunde sich über ihm befindet und bewegt. Normalmalerweise ist das die Stute, und das ist gut so; wenn ein Fohlen in der Wildnis auf die Füße kommt, ist es geprägt, der Mutter zu folgen, sich an sie zu binden und in ihrer Nähe zu bleiben. Das hilft, sein Überleben zu sichern.

In einer Herde von Wildpferden ist ein neugeborenes Fohlen auch mit vielen anderen Pferden zusammen und wird sich bald auch an sie binden. Darum ist es nur logisch anzunehmen, daß das Fohlen, während es die Bindung mit der Mutter eingeht, sich gleichzeitig an andere Individuen binden kann, seien es Pferde, Menschen, Hunde oder Enten. Und das ist genau das, was passiert, wenn ein Mensch mit einem Fohlen arbeitet, sobald es geboren ist.

Es ist natürlich wichtig, der Stute zu erlauben, ihr Fohlen abzulecken und es zu umsorgen, aber wenn ein Mensch sich wie die Stute über dem Fohlen befindet, es reibt und streichelt und seine Nüstern und sein Maul anfaßt, dann wird es an den Menschen gebunden sein, so wie es auch an die Mutter gebunden ist.

Diese Bindung ist unabhängig von der Fütterung. Das Fohlen lernt schnell, wo die Milchquelle ist, sei es das Euter der Stute oder, im dem Fall, daß diese keine Milch hat, die Flasche oder ein Eimer. Bindung bedeutet ein Zugehörigkeitsgefühl zu dem Individuum, ob Pferd oder Mensch, das Vertrauen, Sicherheit und Freundschaft bedeutet.

So geprägte Fohlen verlassen oft ihre Mütter auf der Weide und kommen zu dem Menschen,

17

Das Ablecken und das Umsorgtsein durch die Stute sind wichtig.

Viele Stuten entwickeln einen heftigen Beschützerinstinkt, wenn sie gefohlt haben. Diese hier zeigt den Wallachen im Nachbarpaddock deutlich, daß sie Abstand halten sollen, als ihr brandneues Fohlen (in der Tür hinter ihr) das erste Mal ins Freie tritt.

Eine ziemlich frische Mutter warnt die anderen Stuten, von ihrem Fohlen fern zu bleiben.

von dem sie geprägt wurden. Allein dieser Faktor erleichtert manch folgende Prozedur um vieles, weil der Angstfaktor schon bei der Geburt genommen wurde und das Fohlen die Anweisungen des Trainers sucht.

Unter normalen Freiheitsbedingungen fürchtet sich das Fohlen ein paar Tage nach der Geburt vor jeder fremden Bewegung, außer es identifiziert das betreffende Wesen als eines, an das es sich kurz nach der Geburt gebunden hat. Diese Angstreaktion hilft natürlich, die Fohlen in der Wildnis am Leben zu halten. Sieht das Fohlen etwas Unvertrautes, läuft es zu der Stute, an die es seit der Geburt gebunden ist. Falls sie wegläuft, folgt es ihr, egal wo sie hinläuft.

Es sollte deutlich werden, daß die Bindung zum Menschen dem Fohlen nicht die Angst als solche nimmt. Es nimmt nur die Angst vor dieser Person, genau wie das Fohlen ja auch seine Mutter nicht fürchtet. Ansonsten wird das Fohlen auf unvertraute Reize mit Angst reagieren (Flucht), ob der Reiz visuell (Sehen), olfaktorisch (Geruch), auditiv (Gehör), oder taktil (Berührung) ist. Wie man diese Ängste unterdrücken kann, ist das Thema des nächsten Kapitels.

Auf den Menschen geprägte Fohlen sind freundlich und gehen sogar auf der Weide ohne weiteres auf Menschen zu.

Sogar Vertreter von Arten, die als natürliche Feinde angesehen werden, können Freunde werden.

Pferde entwickeln manchmal seltsame Bindungen und Freundschaften. **Foto von Karen Tomlin**

3 GEWÖHNUNG

Wir alle kennen die Macht der Gewohnheit.

Eigentlich haben Gewöhnung und Desensibilisierung nicht dieselbe Bedeutung. Desensibilisierung ist ein gradueller Prozeß, während Gewöhnung sich auf die Ausschaltung einer Reizreaktion bezieht, indem derselbe Reiz solange wiederholt wird, bis keine Reaktion mehr gezeigt wird.

In der Sprache der Pferdeleute wird der Ausdruck Desensibilisierung allerdings weithin für beide Prozesse benutzt. In beiden Fällen wird die natürliche Angstreaktion des Pferdes einem fremden Reiz gegenüber ausgeschaltet. Daher gebrauche ich die Ausdrücke in diesem Buch in austauschbarer Weise. Wenn wir die normale Angstreaktion des Pferdes gegenüber fremden Geräuschen, Sehwahrnehmungen und

Show-Pferde müssen an den Lärm der Menge und andere Ablenkungen gewöhnt werden.

20

Die instinktive Reaktion bei Angst ist Flucht.

Berührungen ausschalten können, ist das Endergebnis das gleiche - und ein vorteilhaftes Resultat.

Wir kennen alle das Phänomen der Gewohnheit. Wenn wir in einem Raum mit einer laut tickenden Uhr schlafen, gewöhnen wir uns schließlich so an dieses Geräusch, daß wir es nicht mehr wahrnehmen. Das ist ein Beispiel für die Gewöhnung an einen auditiven Reiz. Ähnlich ist es, wenn man sich während einer Schiffsreise irgendwann an das Schaukeln der Wellen gewöhnt. Falls wir schlafen würden, und die Uhr würde plötzlich aufhören zu ticken, oder das Schiff würde bewegungslos, würden wir wahrscheinlich mit einem Schlag aufwachen.

Menschen, die unter bestimmten ständigen Gerüchen arbeiten, wie bei einer Tankstelle, Viehverladestation oder Fabrik, nehmen diese Gerüche nicht mehr wahr, da sie sich an sie gewöhnen.

Jede Tierart hat bei der Anpassung an ihren Lebensraum ein Überlebensnotverhalten entwickelt, das ihr hilft, zu überleben. Die Anatomie jeder Spezies ist eng verbunden mit diesem Notverhalten. So ziehen sich zum Beispiel das Gürteltier und die Schildkröte in ihren Panzer zurück. Das Stinktier und das Stachelschwein zeigen ihre Waffen, um zu überleben.

Wölfe und andere Mitglieder der Hundefamilie gebrauchen ihre immer bereiten Zähne. Die Klapperschlange nutzt ihren Giftzahn auf andere Weise. Das Nashorn nimmt seinen Kopf herunter, bereit, die hervoragende Waffe einzusetzen, mit der es die Natur ausgestattet hat.

Rinder, ob Milchkuh, Bison, Yak, Moschusochse, Kapernbüffel oder Wasserbüffel, haben Hörner. Sowohl männliche als auch weibliche

Dieses Fohlen rennt aus reiner Lebensfreude; genauso schnell kann es auch vor Gefahr fliehen.

Rinder haben sie. Ihre Vorhand ist massiv und kräftig, um dem Gebrauch der Hörner in einer für das Überleben entscheidenden Situation Wucht zu verleihen.

Das Verhalten sehr junger Tiere zeigt uns, was Überlebensverhalten ist. So wie Welpen die Zähne fletschen, alles kauen und beißen, so stoßen kleine Kälber mit den Köpfen und drücken und kämpfen, obwohl ihnen die Hörner noch gar nicht gewachsen sind.

Aus demselben Grund galoppieren Fohlen miteinander und um die Wette, da das Laufen das wichtigste Überlebensverhalten eines Pferdes ist.

Natürlich, Pferde können ausschlagen, beißen und mit der Vorhand schlagen, aber die erste Reaktion bei Angst ist die Flucht. Ein Blick auf die Anatomie des Pferdes zeigt: sie macht das Pferd zu einer Rennmaschine, und Pferde als Spezies der Pferde sind für spontane Flucht in hoher Geschwindigkeit vorprogrammiert.

21

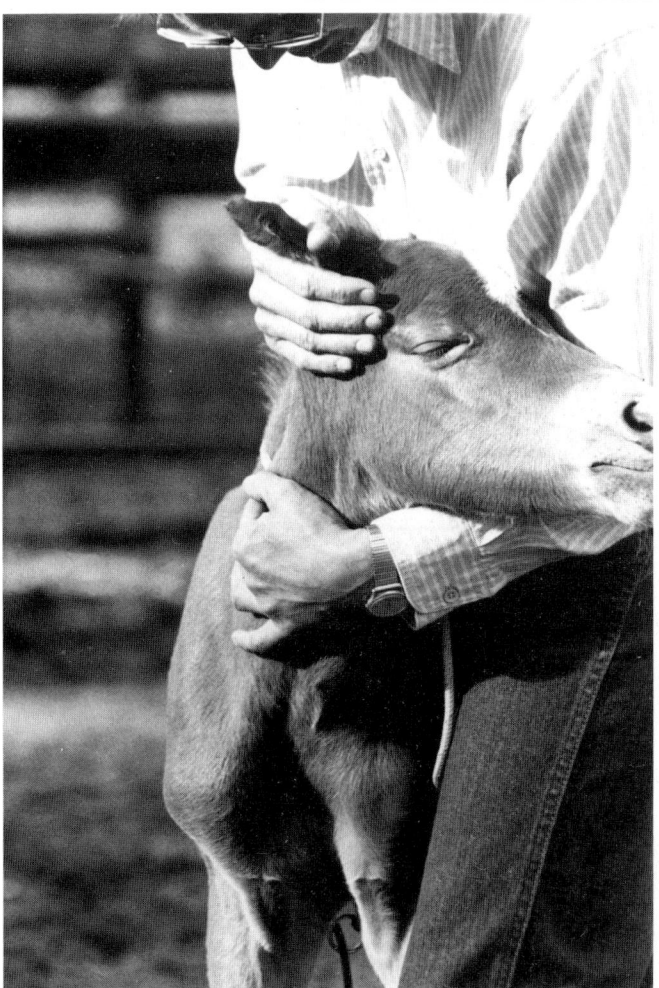

Marty Marten aus Colorado gewöhnt dieses wenige Stunden alte Fohlen an das Manipulieren der Ohren.

Das Fohlen wird an das Gefühl von einem Finger in der Nüster gewöhnt. Später wird man diesem Fohlen ohne weiteres eine Nasenschlundsonde einführen können, z.B. zum Entwurmen.

Viele Pferde fürchten sich vor Kühen, wenn sie ihnen zum ersten Mal in ihrem Leben begegnen. Ein guter Weg zur Gewöhnung ist, das Pferd in einen Paddock neben Rinder zu stellen.

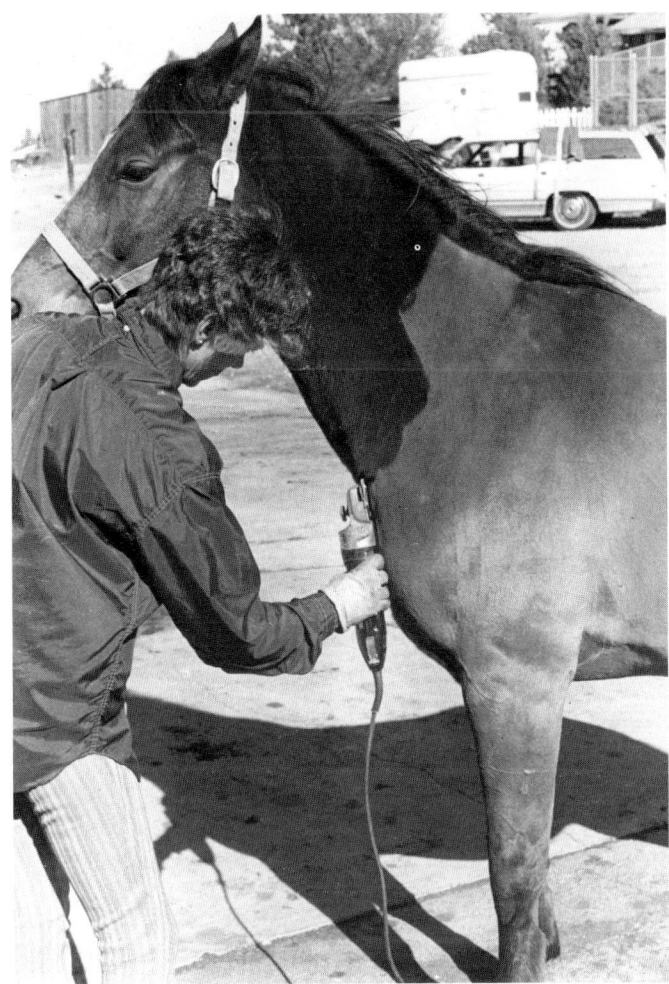

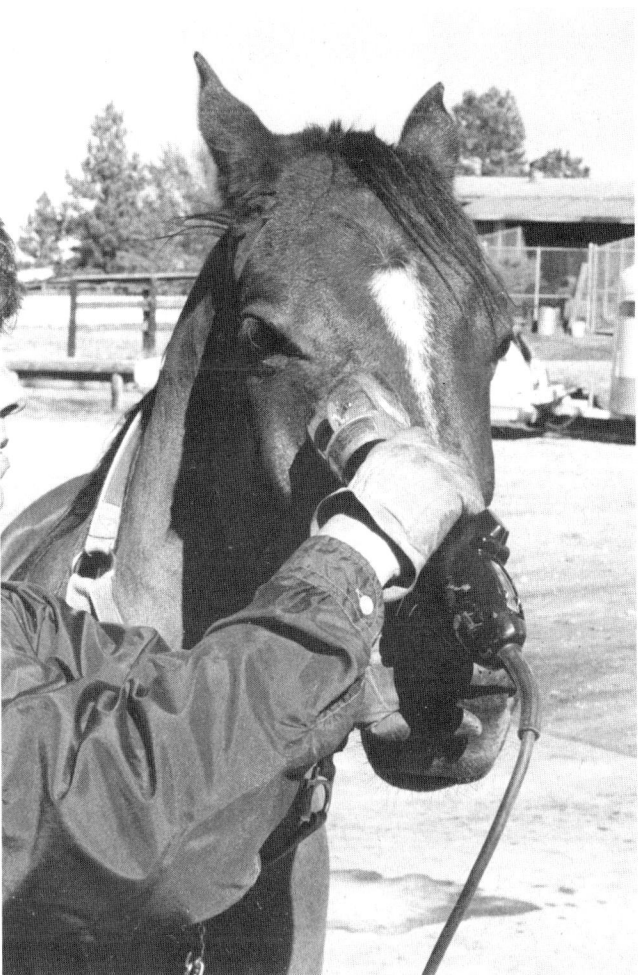

Ein Pferd muß lernen, Gefühl und Geräusch einer Schermaschine
zu tolerieren.

Das neugeborene Fohlen kann
an eine elektrische Schermaschine, an das Abspritzen und an
Fliegensprays gewöhnt werden.

Das Fohlen wird an das Geräusch und die Vibration der Schermaschi-
ne gewöhnt, ohne daß es tatsächlich geschoren wird. Wenn es älter
ist, wird man es ohne Probleme scheren können.

Hier gewöhnt Marty das Fohlen gerade an den Strick.

Er paßt aber auf, daß das Fohlen sich nicht in dem Strick verfängt.

Das ist auch der Grund dafür, daß Pferde in Zäune und Autos hineinlaufen und von Klippen hinunterstürzen. Ihr natürlicher Lebensraum sind weite, ebene Grasflächen. Pferde sind nicht dazu gemacht, in engen Boxen oder eingezäunten Vierecken zu leben, Wagen zu ziehen oder Reiter auf ihrem Rücken zu tragen.

Warum kann man ihnen all diese Dinge beibringen ? Weil sie gut an jeden Sinnesreiz gewöhnt werden können, der zwar Angst erzeugt, aber nicht schmerzhaft ist. Dieser Gewöhnungsprozeß kann in jedem Alter stattfinden, und tatsächlich findet er traditionell meist erst bei erwachsenen Pferden statt. Bei jungen Fohlen kann das allerdings in wenigen Minuten, in manchen Fällen sogar in Sekunden getan werden. Die Desensibilisierung auf diesen Reiz ist permanent, vorausgesetzt, daß er beim nächsten Mal auf genau dieselbe Weise wiederholt wird.

Bei der Beschreibung der verschiedenen Desensibilisierungs-Maßnahmen in den folgenden Kapiteln werden wir sehen, wie ein Neugeborenes, das noch nicht auf seinen Beinen stehen kann, an das Satteln, Beschlagen und Aufzäumen gewöhnt werden kann und an die Berührung und Untersuchung von Augen, Ohren, Nüstern, Maul, Zunge und Hufen. So können wir in dieser kurzen Zeit das Fohlen auf den Schmied und den Tierarzt vorbereiten, sodaß es später keine Angst hat oder gegen das Ausschneiden der Hufe, das Beschlagen, das Einführen einer Nasenschlundsonde (zum Entwurmen usw.), Zahnraspeln, Rektal- oder Vaginaluntersuchung oder Berührung von Schlauch oder Euter kämpft. Auch die elektrische Schermaschine, ein Bad und Sprays wird das Fohlen tolerieren, bevor es nur eine Stunde alt ist.

(Nein, natürlich wird das Fohlen nicht gesattelt und aufgezäumt oder tatsächlich gebadet. Aber als Resultat der Desensibilisierung wird es sich das später mit wenig oder gar keinem Widerstand gefallen lassen.)

Etwas später, wenn es sicher auf den Füßen steht, das ist so im Alter zwischen 12 und 30 Stunden, können wir es auch an das Druckgefühl im Gurtbereich gewöhnen, so daß es später keinen Sattel- oder Gurtzwang bekommt. Wir können es auch an flatternde Tücher und Lappen, an baumelnde Stricke und raschelnde Plastiktüten gewöhnen. Und es kann vertraut gemacht werden mit anderen Tieren, wie Hunde, Ziegen, Schafe, Schweine oder Kühe.

Zukünftige Polizeipferde kann man desensibilisieren gegen Lärm, Pistolenschüsse und Sirenen. So können auch Militärpferde gegen die Geräusche und das Umfeld in einem Kampfgebiet und Leistungs- und Show-Pferde an Musik, Fahnen und Lautsprecher gewöhnt werden.

Während das Fohlen völlig entspannt am Boden liegt, gewöhnt Marty es an das Gefühl und Geräusch einer Plastiktiktüte.

Wir können ein Fohlen auch an flatternde Tücher, baumelnde Stricke, einen Wasserschlauch und raschelndes Plastik gewöhnen.

Ich gewöhne dieses Fohlen daran, wie sich ein Stofflappen anfühlt.

4 SENSIBILISIERUNG

Wir alle reagieren vielfältig durch anerzogene Reaktionen

Genauso wie das Fohlen an bestimmte Sinnesreize gewöhnt werden kann, kann es auch für andere sensibilisiert werden. Was ist damit gemeint? Mit Sensibilisierung meinen wir die Bildung einer anerzogenen Reaktion. Was ist eine anerzogene Reaktion? Erinnern sie sich an das Pavlovsche Experiment? Pavlov war einer der ersten wissenschaftlichen Verhaltensforscher. Er erzeugte bei Hunden eine anerzogene Reaktion mit Hilfe einer Glocke, die immer zur Fütterung läutete. Anfangs erzeugte der Anblick des Futters, nicht die Glocke, bei den Hun-

Die Reaktionen eines Cutting-Pferdes sind anerzogene Reaktionen auf höchstem Niveau. Greg Welch reitet „Playboys Foxy Gal".

Ein Reining Horse muß in höchstem Maße auf die Signale des Reiters sensibilisiert sein, damit es sich so schnell im Kreis drehen kann, wie hier von Bob Loomis aus Oklahoma demonstriert.

Auf diese Weise entwickelt sich aus einem rohen Jungpferd ein Weltklassepferd.

den Speichelfluß. Später konnte er bei ihnen nur durch das Läuten der Glocke Speichelfluß erzeugen. Was war passiert? Die Hunde reagierten jetzt automatisch. Pavlov hatte ihr Unterbewußtsein auf die Glocke konditioniert, und die erzeugte jetzt den Speichelfluß auch ohne das Futter. Auch wenn die Hunde den Speichelfluß bewußt hätten vermeiden wollen, hätte das nicht funktioniert, da das Unterbewußte im Gehirn über den bewußten Teil regiert.

Wir alle reagieren oft mit anerzogenem Verhalten. Im Auto steigen wir unwillkürlich auf die Bremse, wenn eine Ampel plötzlich auf rot schaltet, selbst wenn wir nur auf der Beifahrerseite sitzen. Als erfahrener Autofahrer ist man auf diese Reaktion konditioniert, und sie erfolgt unwillkürlich.

Tätigkeiten wie Autofahren, Schreiben und Tippen beinhalten komplexe anerzogene Reaktionen. Athleten trainieren, um automatisch konditioniertes Verhalten zu erreichen. Wenn man einem guten Cutting Horse bei der Arbeit zuschaut, wird man Zeuge von anerzogenen Reaktionen auf höchstem Niveau. Ein Dressurpferd der Hohen Schule und ein Reining Horse geben uns auch beste Beispiele für anerzogenes Verhalten.

Man kann Pferde jeden Alters zu dieser Art des Verhaltens erziehen. Trainer erzeugen einen Reiz, wie zum Beispiel Druck durch das Gebiß oder den Sporen, so lange bis eine kleine Reaktion erfolgt. Diese Reaktion wird dann bestätigt bzw. belohnt durch sofortiges Wegnehmen des Drucks. Je schneller die Bestätigung der Reaktion folgt, umso schneller wird das Pferd lernen.

Wird der Reiz mehrere Male wiederholt, wird das Pferd bald automatisch auf dieses Signal reagieren. Dann wird der Trainer diese Reaktion langsam und schrittweise verbessern, bis sie das erwünschte Niveau erreicht hat oder zumindest das Niveau, welches im Bereich der Fähigkeiten des Pferdes liegt. Diesen Prozeß nennt man „sukzessive Annäherung".

Auf diese Weise bekommt man ein rohes Pferd soweit, daß aus der zögerlichen Reaktion auf die erste Zügelhilfe das spektakuläre Spinning eines Weltklasse-Reining Pferdes wird. Langsame, freiwillige Reaktionen werden allmählich zu unmittelbaren und unfreiwillig anerzogenen Reaktionen.

Ein neugeborenes Fohlen kann bereits die Grundzüge einer Hinterhand-wendung lernen, wie es bei diesem Trail-Manöver gefordert wird.

Diese Araberstute ist so sensensibel auf ihren Reiter eingestellt, daß sie am losen Zügel zum Stop kommt.

Ein Dressurpferd reagiert sehr sensibel auf die Signale seines Reiters.

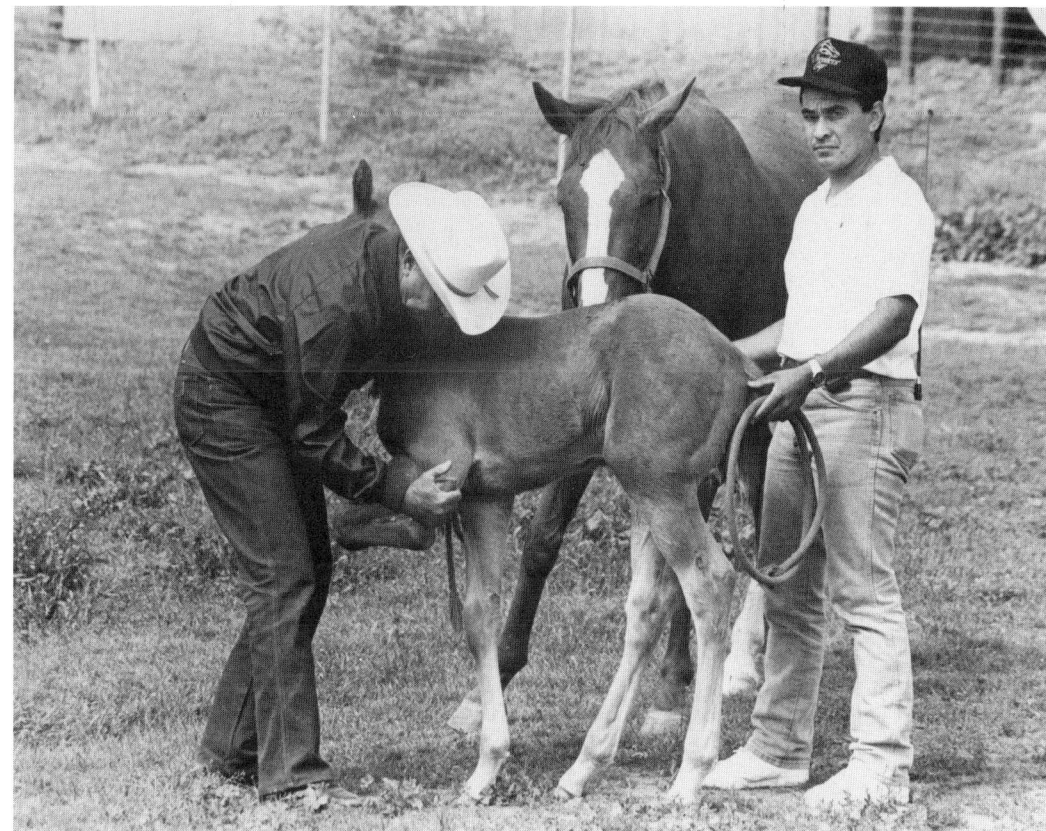

Dieses Fohlen wurde erzogen, alle Hufe aufzuheben.

Vorteile der Anerziehung bestimmter Reaktionen beim neugeborenen Fohlen sind die Schnelligkeit der Erziehung, die Dauer des Lerneffekts und ein aufmerksames, gehorsames Fohlen, welches einfach im Umgang ist.

Diese Art von Training nehme ich normalerweise vor, wenn das Fohlen einen Tag alt ist und auf seinen Beinen steht.

Es gibt fünf anerzogene Reaktionen, die ich bei meinen Pferden möchte, und jede kann innerhalb von Minuten gelehrt werden, wenn es richtig gemacht wird. Die fünf Reaktionen sind:

1) Den Huf auf Aufforderung hin aufheben.

2) Halfterführigkeit. Das bedeutet, das Fohlen muß dem Führstrick ohne Widerstand folgen und zieht nicht am Halfter, wenn es angebunden ist. Aber ich binde das Fohlen nicht tatsächlich an; ich benutze den Strick nur so, daß es denkt, es ist angebunden.

3) Auf Aufforderung die Hinterhand seitlich zu bewegen.

4) Auf Befehl Rückwärtstreten, als Reaktion auf Druck auf die Brust.

5) Vorwärtstreten als Reaktion auf Druck hinter der Kruppe.

Dieses Welsh-Fohlen ist einen Tag alt und wird erzogen, seine Hufe hochzuheben. Für Anfänger ist es ratsam, zu zweit zu arbeiten, damit man sicher sein kann, daß das Fohlen nicht wegläuft und nicht lernt, Dingen auszuweichen.

Ein Fohlen sollte auf Aufforderung jeden Huf geben.

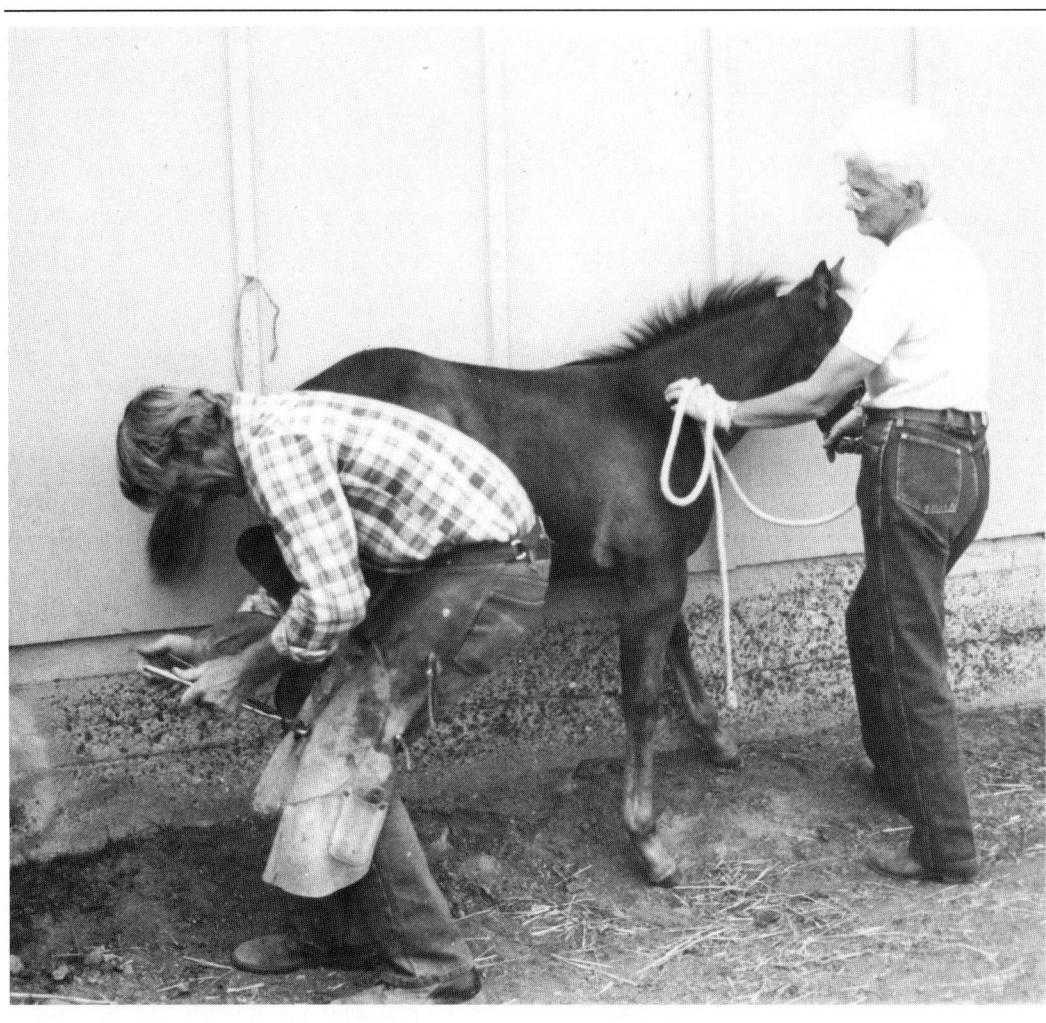

Weil dieses drei Monate alte Hengstfohlen als Neugeborenes von Menschen geprägt und trainiert wurde, steht es ganz ruhig, während ihm zum ersten Mal die Hufe ausgeschnitten werden.

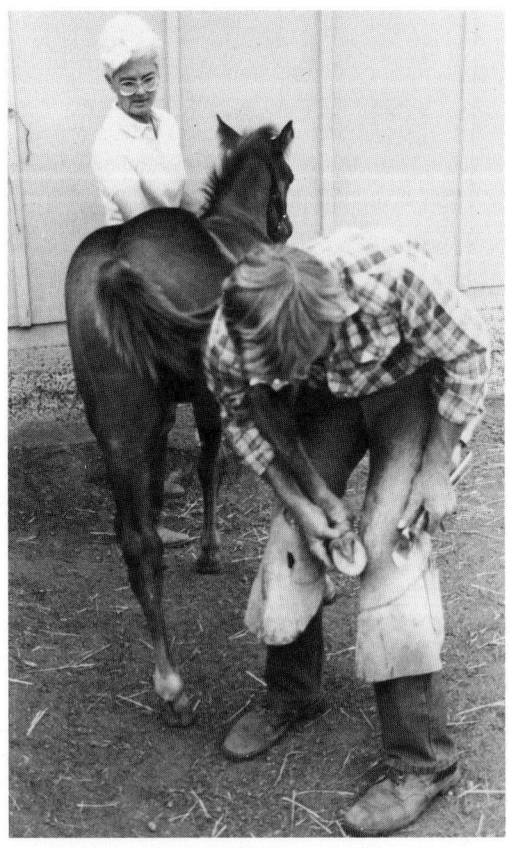

Dieses prägungstrainierte Fohlen kann bereits geführt werden.

Ich wiederhole und verstärke bei diesem drei Tage alten Quarter Horse/Vollblut-Fohlen die Sensibilisierung auf den Druck meiner Hand hinter seiner Hinterhand. Sobald das Fohlen nach vorne tritt, lasse ich den Druck nach.

Ich lehre dieses 24 Stunden alte Appaloosa-Fohlen gerade, seine Hinterhand nach links zu bewegen als Reaktion auf den Druck gegen seine rechte Seite.

5 DOMINANZ

Tiere, die in der Gruppe leben, haben eine feste Rangordnung.

Manche Tierarten, wie zum Beispiel Bären und auch die meisten Mitglieder der Familie der Katzen, sind Einzelgänger. Sie suchen die Gesellschaft nur zur Paarung oder solange sie noch jung sind, aber die meiste Zeit leben sie alleine. Andere Tiere leben von Natur aus in Gruppen, je nach Spezies Herde, Rudel, Volk, Schwarm, Meute usw. genannt.

Menschen sind Herdentiere, wie auch Paviane und die meisten anderen Primaten, ebenso Wale, Delphine, Rinder, Hunde, Wölfe, Karibus, Antilopen, Pferde und viele Vogelarten und andere Spezies.

Tiere, die in Gruppen leben, haben eine feste Rangordnung. Das Individuum mit der größten Dominanz regiert die Herde, während auf der anderen Seite das unterwürfigste Tier von allen anderen dominiert wird. So funktioniert die Hierarchie der Dominanz.

Pferde sind Herdentiere, und in der Wildnis wird die Herde von einem dominanten Anführer geleitet, dem all die anderen Pferde untergeben sind. Es ist wichtig zu verstehen, daß Pferde von Natur aus programmiert sind, dominiert und geführt zu werden. Natürlich ist es einfacher, unterwürfige Pferde zu dominieren, als

Pferde sind Herdentiere.

In dieser Herde von Stuten und Wallachen kämpfen zwei Wallache (Mitte) um die Führungsposition.

Der braune Wallach zieht als Sieger mit seiner Herde davon.

von Natur aus dominante, aber auf jeden Fall können alle Pferde dominiert werden.

Es ist wichtig zu verstehen, daß „ein Pferd dominieren" nicht bedeuten muß, ein Pferd physisch zu dominieren. Kein Mensch ist stärker als ein Pferd. Und Dominanz hat nichts zu tun mit körperlicher Gewalt, Verletzen oder Mißhandlung.

In Freiheit lebende Pferde werden meistens von einer älteren Stute angeführt. Das kann sogar schon ein altersschwaches Tier sein. Sie dominiert die Herde durch die Stärke ihrer Persönlichkeit und ihr Verhalten. Die Pferde fügen sich ihrer Erfahrung und ihrer Weisheit. Ihre Fähigkeit, zu entscheiden, wohin und wann die Herde fliehen muß, kann für alle das Überleben bedeuten.

Pferde, die an Fußfesseln gewöhnt wurden, unterwerfen sich leichter.

Ein Hengst ist „Besitzer" der Herde, aber er läuft normalerweise hinterher, um die Nachzügler zusammenzuhalten. Herdenführer ist die alte Stute.

Untergebenheit bedeutet Respekt, Gehorsam und Abhängigkeit. Um Pferde zu dominieren, was entscheidend ist, wenn sie für uns Leistung bringen sollen, müssen wir sie nicht durch körperliche Gewalt dominieren. Wir können Untergebenheit erreichen, indem wir dem Pferd ein Gefühl der Abhängigkeit geben. Ein Pferd, welches seinem Reiter untergeben ist, ist respektvoll und gehorsam, nicht ängstlich. Angst und Respekt sind zwei verschiedene Dinge.

Wenn wir von dominanten Menschen sprechen, denken wir zu leicht an Tyrannen, Diktatoren und Schikanierer. Religiöse und geistige Führer sind ebenfalls dominante Persönlichkeiten, und sie können sehr sanft sein. Dominanz erfordert keine Aggressivität oder Grausamkeit.

Viele Entertainer sind extrem dominante Menschen, sie können Menschenmengen mitreißen und beeinflussen, müssen aber nicht physisch einschüchternd sein. Ähnlich verhält es sich mit großen Lehrern und Staatsmännern.

Wenn das Pferd sich von uns führen lassen, uns respektieren und unseren Befehlen gehorchen soll, dann müssen wir es dominieren. Das heißt nicht, wir dürfen keine Liebe und Zuneigung für das Tier haben oder das Tier für uns. Wir können auch unsere Eltern, Lehrer oder Führerpersonen lieben und sie gleichzeitig respektieren, ihnen gehorchen und von ihnen abhängig sein. Kurz, wir können ihnen untergeben sein; und das ist die Beziehung, die der Mensch mit dem Pferd erreichen muß.

Wie können wir ein Pferd dominieren?

Bevor ich das erkläre, muß ich sagen, daß nichts von alldem, was ich bis jetzt gesagt habe, ein neuer Gedanke ist. Die gesamte vorausgegangene Information ist bekannt und von Verhaltenswissenschaftlern anerkannt; jetzt aber möchte ich eine eigene Idee darlegen. Falls jemand diese bereits gehabt hat, dann ohne mein Wissen.

Folgendes: Wenn man einem Tier die Möglichkeit zu seinem angeborenenen Überlebensverhalten nimmt, wird es zu einer mehr untergebenen Haltung gezwungen. Ich habe das in einem Leben voller Arbeit mit Tieren festgestellt.

Jede Art hat eine bestimmte Körperhaltung, die gegenüber den Artgenossen Untergebenheit signalisiert. Diese Stellung ist die der größten Verletzlichkeit. Für den Hund sind beispielsweise die Zähne seine Hauptwaffe. Die Verteidigungshaltung eines Hundes ist ein Fletschen der Zähne und Knurren. Die Stellung, die Untergebenheit vermitteln möchte, bedeutet das völlige Ausgeliefertsein: Er legt sich auf den Rücken und bietet dem Feind den ungeschützten Bauch und Hals dar. Oft sehen wir dieses Verhalten bei Welpen. Wenn sie sich weiterhin bedroht fühlen, werden sie urinieren, und als letztes Zeichen der Untergebenheit werden sie die Analdrüsen zeigen.

Tierärzte wissen, daß man einem wirklich aggressiven Hund das Maul zubinden kann, und das Tier dann, ohne eine Möglichkeit zur Verteidigung, oft Unterwürfigkeit zeigt, indem es eine tiefere Haltung einnimmt, uriniert, und die Analdrüsen exponiert.

Für Rinder sind die Hörner das primäre Verteidigungsmittel. Sie signalisieren Angriff oder Verteidigung durch das Senken der Schädel und das Präsentieren ihrer Waffen. Rinder

34

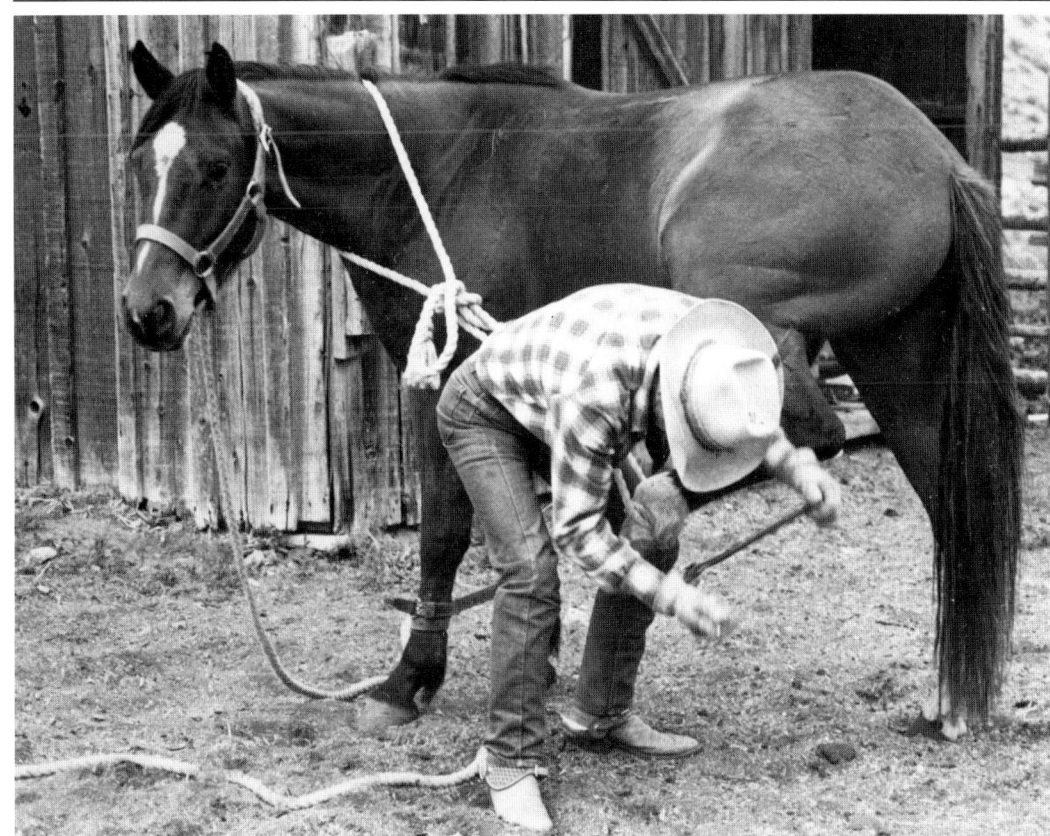

Das Pferd hat vorne Fuß-
fesseln, und ein Hinter-
bein ist ebenfalls hoch-
gebunden. Es ist dem
Cowboy, der an seinem
Huf arbeitet, total untergeben.

signalisieren Unterlegenheit durch das Hoch-
nehmen der Köpfe und das Zurücklegen der
Hörner. Das ist für ihre Spezies die Position der
Verletzlichkeit.

Wenn wir den Kopf einer Kuh durch ein Gatter oder Ähnliches immobilisieren oder mit einem Nasenring heben, nehmen wir ihr die Möglichkeit zur Verteidigung ihres Lebens und machen sie unterwürfig.

Pferde sind zum Überleben darauf angewiesen, bei Gefahr schnell fliehen zu können. Die
Verteidigungsposition für das Pferd ist deshalb
alle vier Beine auf dem Boden, Kopf erhoben
und bereit zur Flucht. Am größten ist die Verletzlichkeit eines Wildpferdes beim Grasen oder
Saufen. Mit dem Kopf unten kann es den Feind
weder sehen, noch hören oder riechen, und genausowenig ist es bereit für die Flucht. Für die
Pferde ist das Zeichen der Untergebenheit darum der gesenkte Kopf.

Außerdem signalisiert ein Pferd seine Erge-
benheit, indem es Freßgeräusche von sich gibt,
durch Kaubewegungen und das Ablecken der
Lippen. Am deutlichsten ist das bei kleinen
Fohlen. Wenn sie sich bedroht fühlen durch das
Nahen eines anderen Pferdes oder eines Menschen, dann nehmen sie den Kopf nach unten
und machen schmatzende Bewegungen mit den
Lippen. Menschen, die mit Pferden arbeiten
und sie verstehen wollen, müssen ihre Körper-
sprache kennen.

Weil die Flucht das wichtigste Überlebensverhalten für ein Pferd ist, werden wir

In Ständern werden Pferde meistens unterwürfig,
vorausgesetzt sie kennen diese Gestelle.

Marty Marten hat seine zweite Lektion mit diesem 18 Stunden alten Fohlen, während die Stute daneben steht. Hier ist das Fohlen so entspannt, daß es flach auf der Seite liegt.

Das Fohlen versucht aufzustehen, aber Marty hält es am Boden fest - und macht es sich unterwürfig.

Unterwürfigkeit erreichen, wenn wir ihm die Möglichkeit dazu nehmen. Alles was wir tun, um das Pferd am Davonlaufen zu hindern, wird es von uns abhängig machen. Abhängigkeit schafft Respekt. Das Pferd fühlt sich verletzlich und braucht einen Führer.

Wenn wir ein Pferd nicht betrügen, indem wir es bedrohen, während es keine Fluchtmöglichkeit hat, wird es Unterwürfigkeit signalisieren und es uns so möglich machen, die dominante Position einzunehmen.

Obwohl es im allgemeinen nicht so gesehen wird, nutzen fast alle Techniken bei der Arbeit mit Pferden das Prinzip der Fluchtentziehung. Wenn wir ein Pferd halterführig machen, dann vermitteln wir, falls wir alles richtig machen, dem Pferd das Gefühl, daß Flucht unmöglich ist, solange es am Halfter zurückgehalten wird.

Wir trainieren die Pferde in Round Pens. Wir arbeiten mit ihnen auf dem Zirkel an der Longe oder „fahren" sie dort mit langen Leinen. In ihrer Box sind Pferde einfacher zu behandeln als außerhalb, weil sie gelernt haben, daß ein Entkommen aus der Box unmöglich ist.

Pferde, die an Fußfesseln gewöhnt wurden, unterwerfen sich leichter. Früher banden die alten Zureiter den Broncos ein Hinterbein hoch, um sie zu satteln. Zuchtstuten, die zur Rektal-

Wenn man einem Pferd den Kopf zur Seite bindet, erzeugt man nicht nur seitliche Biegung, sondern nimmt ihm auch die Bereitschaft zur Flucht. Das macht das Pferd unterwürfig. Trainer Mike Kevil aus Arizona arbeitet mit dieser Jungstute.

untersuchung in einen Ständer kommen, sind normalerweise dort unterwürfiger.

Schon vor Jahren nutzten die bekannten „Pferdezähmer" des 19. Jahrhunderts, wie Rarey, Magner und Beery Maßnahmen, die dem Pferd die Flucht unmöglich machten, um es unterwürfig zu machen. Darunter waren verschiedene Geschirre zum Niederwerfen, das Hochbinden eines Vorderbeins, den Pferdekopf an den Schweif binden, so daß es nur im Kreis laufen konnte, und einiges mehr. Mit diesen Methoden waren auch „Verbrecher" und Problempferde bald unterworfen.

Versierte Trainer erreichen schon im anfänglichen Trainingsstadium anerzogene Verhaltensweisen, welche die Flucht hemmen. Dazu gehören seitliche Biegung von Kopf und Hals, vertikales Nachgeben im Genick (Kopf hoch und Nase vor ist die fluchtbereite Stellung!) und die Kontrolle über die Hinterhand.

Das Pferd lernt, auf Schenkeldruck hin automatisch die Hinterhand seitwärts zu

Das Ausbinden entwickelt vertikales Nachgeben, eine andere Möglichkeit der Fluchtentziehung.

Bill Riggins, Trainer auf der T-Cross Ranch südlich von Colorado Springs zeigt, wie er den Kopf des Pferdes zur Seite biegt.

Während er den Kopf des Pferdes auf der Seite hält, nutzt Bill sein rechtes Bein, um die Hinterhand nach links weichen zu lassen. Dies ist ein sehr effektives Manöver, um ein Pferd am Weglaufen zu hindern und macht es gleichzeitig dem Reiter gegenüber unterwürfig.

bewegen. Wenn die Hinterhand auf Willen des Reiters zur Seite bewegt werden kann, dann ist die volle Flucht voraus nicht möglich.

Zusammenfassend kann man sagen: Die Entziehung der Fluchtmöglichkeit macht Pferde unterwürfig. Daraus wiederum entsteht Abhängigkeit, Respekt und der Wunsch, einem dominanten Führer zu folgen. Wenn das neugeborene Fohlen gearbeitet wird, bevor es das erste Mal aufsteht, dann hindert der Trainer es tatsächlich am Aufstehen. Als Resultat daraus lernt das Fohlen gleich da, sich dieser Person und Menschen im allgemeinen zu unterwerfen.

Später dann, wenn das Fohlen auf seinen Beinen steht und der Trainer es wieder am Weglaufen hindert, wird die Lektion verstärkt, und das Fohlen muß wieder erkennen, daß der Mensch dominant ist. Gleichzeitig muß das Fohlen immer liebevoll behandelt werden und darf nie bedroht oder verletzt werden. Wenn das so der Fall ist, dann haben wir hier den Beginn einer perfekten Pferd-Mensch-Beziehung: Unterwerfung ohne Angst, Vertrauen, Abhängigkeit, Zuneigung, Respekt und der Wunsch, diesem Führer zu folgen.

In jeder Herde von Pferden gibt es eine Rangordnung. Die dominanten Individuen saufen immer zuerst, während die unterwürfigen geduldig warten.

Diese zwei streiten darum, wer hier der Boss ist und somit das Heu bekommt.   *Foto Nancy Clifton*

6 DIE STUTE

Eine Zuchtstute sollte brav, umgänglich und gut halfterführig sein.

Unabhängig davon, ob das Fohlen prägungstrainiert werden soll, sollte die Mutterstute brav, umgänglich und gut halfterführig sein. Man muß jeden Teil ihres Körpers anfassen können. Es ist nichts Ungewöhnliches, wenn Zuchtstuten nicht eingeritten sind. Viele sind kaum an das Halfter gewöhnt, und mit anderen kann man überhaupt nicht umgehen. Die Besitzer solcher Stuten entschuldigen deren Vernachlässigung oft mit „sie ist nur ein Weidepferd" oder „sie ist nur eine Zuchtstute".

Wenn eine Zuchtstute so wenig erzogen ist, daß man nicht normal mit ihr umgehen kann,

signalisiert das einen von drei Sachverhalten:
1) Der Besitzer ist zu faul, sich mit der Stute zu beschäftigen.
2) Der Besitzer ist nicht fähig, die Stute zu trainieren.
3) Die Stute hat von Natur aus einen widerspenstigen Charakter.

Falls 1) oder 2) zutreffen, sollte der Besitzer einen kompetenten Trainer suchen, der der Stute die notwendigen Dinge beibringt.

Das kann normalerweise in einer einzigen Lektion geschehen, wenn der Trainer weiß, was er tut, und die richtigen Methoden anwendet.

Zuchtstuten mit ihren Fohlen auf der Weide.

Zum Abfohlen werden viele Stuten in einer Abfohlbox untergebracht, wo sie beobachtet werden können. Die Box sollte auf jeden Fall groß genug sein, damit die Stute nicht gezwungen ist, an einer Wand zu liegen - das kann die Geburt komplizieren. Diese Box ist zu klein.

Wenn allerdings das Temperament der Stute das Problem ist, dann sollte diese nicht als Zuchtstute verwandt werden, weil Temperament und Charakter stark erblich sind und die Fohlen lernen werden, das Verhalten der Stute zu imitieren. Es werden allerdings Ausnahmen bei der Ausmusterung von Zuchtstuten gemacht, wenn sie im Sport außergewöhnliche Fähigkeiten zeigen, wie zum Beispiel Schnelligkeit bei Rennpferden.

Eine Zuchtstute ohne Manieren wird nicht nur das Verhalten ihres Fohlens negativ beeinflussen, sondern wird auch eine Menge anderer Probleme schaffen. Solche Stuten sind schwer zu verladen, machen Ärger beim Transport und auf der Deckstation. Sie sind schwierig auf Fruchtbarkeit und Trächtigkeit zu untersuchen und schlecht zu behandeln, falls notwendig. Unruhige Stuten verletzen sich viel leichter, wenn sie behandelt werden und oft auch die Leute, die sie behandeln müssen. Wenn sie unglücklicherweise gynäkologische Probleme bekommen oder Komplikationen nach der Geburt entstehen, dann sind sie für den Tierarzt schwer zu behandeln.

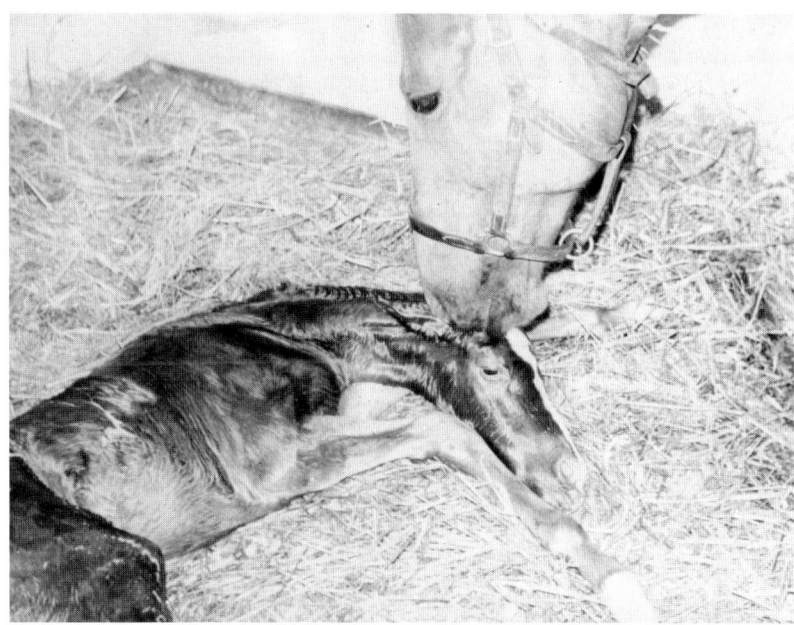

Beginn der Mutter/Kind-Bindung zwischen einer Stute und ihrem neugeborenen Fohlen.

41

Diese unwirsche Stute läßt Marty nicht gerne näherkommen - zum Teil weil sie ihr 18 Stunden altes Fohlen beschützen möchte.

Der Hafer kann sie über-zeugen, und sie nähert sich Marty.

Die Stute läßt sich jetzt von Marty manövrieren...

Das Fohlen einer nicht erzogenen Stute ist ein schlechter Kandidat für Prägung und Training. Ihr Verhalten wird den Trainingsprozeß behindern und die Bemühungen um das Fohlen zum Teil wieder zunichte machen.

Zuchtstuten sollten zutraulich gemacht und gut erzogen werden, bevor sie abfohlen, oder besser, noch bevor sie gedeckt werden. Der Stutenbesitzer, der stolz darauf ist, wie schwer es ist, mit ihr umzugehen, ist ein schlechter Horseman. Zudem ist es die leistungsgeprüfte Stute, die mit größerer Wahrscheinlichkeit ihre Fähigkeiten weitervererbt. Wenn eine Stute keine Leistung gezeigt hat, können wir nur hoffen, daß ihr Körperbau und ihre Blutlinie uns zu dem Fohlen verhelfen, das wir uns wünschen.

Wenn die Stute zum Abfohlen bereit ist (woran man das erkennt, geht über dieses Buch hinaus), sollte man sie in den Stall bringen. Es ist zwar wahr, daß die meisten Stuten auf der Weide ein gesundes Fohlen zur Welt bringen können, aber für unsere Zwecke möchten wir die Stute während des Abfohlens beobachten können. Fließendes Wasser und Elektrizität, falls vorhanden, sind von Vorteil. Sollten gynäkologische Probleme entstehen, werden sie gesehen, und der Stute kann geholfen werden.

Außerdem kann man mit dem Training des Fohlens beginnen, sobald es geboren ist.

...aber sobald sich das Fohlen entfernt, wird sie aufgeregt. Diese Stute war über mehrere Wochen extrem beschützerisch um ihr Fohlen besorgt. Aber als die Zeit zum Absetzen des Fohlens kam, war sie froh, den Kleinen loszuwerden.

7 DIE MASSNAHMEN DIREKT NACH DER GEBURT

Das ist ein neugeborenes Araber-Stutfohlen auf der Ventura Farm in Kalifornien. Stute und Fohlen beginnen gerade ihre Bindung aneinander.

Nach der Geburt des Fohlens sollte man abwarten, bis die Nabelschnur von alleine abreißt. Das geschieht normalerweise, wenn die Stute aufsteht. Man sollte sie nicht dazu drängen. Der Nabelstumpf muß desinfiziert werden. Ich empfehle eine milde Jodlösung. Mit einem Handtuch kann man das Fohlen trocken reiben und Schleim oder Reste der Fruchtblase von Maul und Nase entfernen. Die Stute sollte ein Halfter tragen; es ist ideal, wenn eine Person die Stute immer unter Kontrolle behält. Erlauben sie der Stute, ihr Fohlen zu beriechen und abzulecken, auch während es trainiert wird. Die Köpfe von Stute und Fohlen sollen sich ständig nahe sein. Das verringert die Besorgtheit der Stute. Versuchen Sie, Stute und Fohlen Kopf an Kopf zu halten und drängen sie sich nicht zwischen die beiden.

Jetzt ist es an der Zeit, mit dem Training zu beginnen. Während wir uns mir dem Fohlen beschäftigen, wird es vielleicht versuchen, aufzustehen. Lassen Sie es nicht aufstehen, sondern zwingen sie es sanft, aber deutlich, auf der Seite liegen zu bleiben. Wie schon gesagt, wird allein diese Geste eine Unterwürfigkeit bei dem Fohlen entstehen lassen. Beginnen Sie mit dem Kopf. Reiben Sie das Gesicht und den Kopf des Fohlens; falls es Widerstand leistet, hören Sie nicht auf damit. Machen Sie weiter, bis das Fohlen sich entspannt. Die Entspannung zeigt, daß die Gewöhnung eingesetzt hat; reiben Sie trotzdem noch etwas über diesen Punkt hinaus.

Sehr wichtig ist: Man kann den Reiz nicht übertreiben, aber man kann ihn untertreiben. Wenn Sie mit dem Reiz aufhören, während das Fohlen versucht, zu entkommen, dann werden Sie dieses Verhalten prägen. Sie würden dann das Fohlen auf diesen Reiz sensibilisieren, während wir gerade versuchen, es zu desensibilisieren oder zu gewöhnen.

Ich betone noch einmal, daß jeder Reiz solange wiederholt werden muß, bis das Fohlen kei-

44

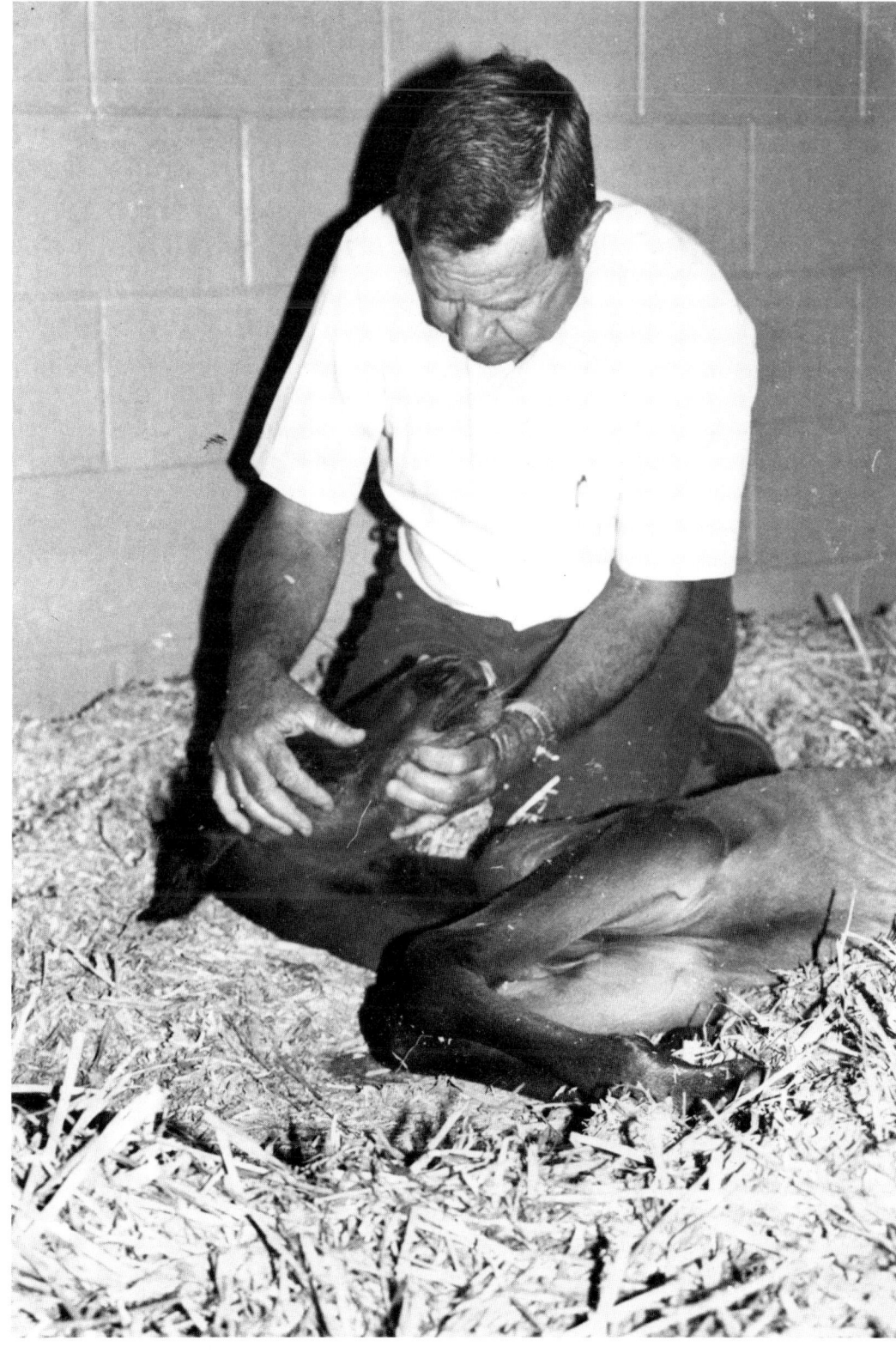

Man kann einen Reiz nie übertreiben, aber man kann ihn untertreiben.

nen Widerstand mehr leistet, sich offensichtlich entspannt, und scheinbar gleichgültig gegenüber dem Reiz wird.

Versuchen Sie nicht, das Training zu übereilen. Wenn der Trainer müde wird oder keine Zeit mehr hat muß man mit dem Training aufhören. Es kann später fortgeführt werden, aber kürzen Sie keine der Maßnahmen ab. Wiederholen Sie diese solange, bis die Gewöhnung eintritt; das sind normalerweise 30 - 100 Wiederholungen.

Nach der Desensibilisierung von Gesicht und Schädel, einschließlich des Genicks, gehen sie zu den Ohren über. Reiben und massieren Sie jedes Ohr, bis die Desensibilisierung stattfindet. Dann fahren Sie mit einem Finger in die Ohrmuschel und bewegen ihn darin, um auch dieses Stelle an die Berührung zu gewöhnen.

45

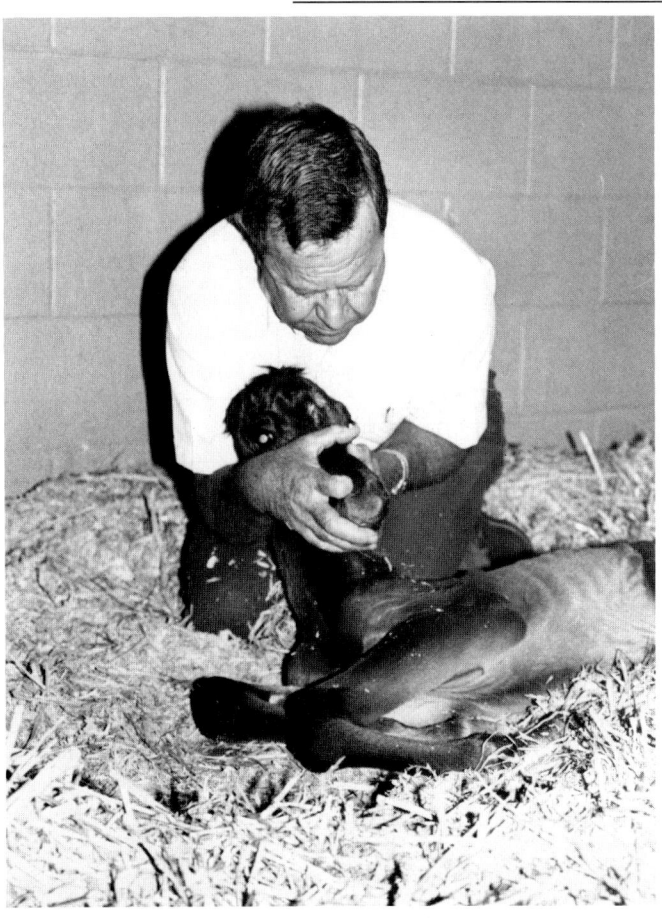

...die rechte Nüster...

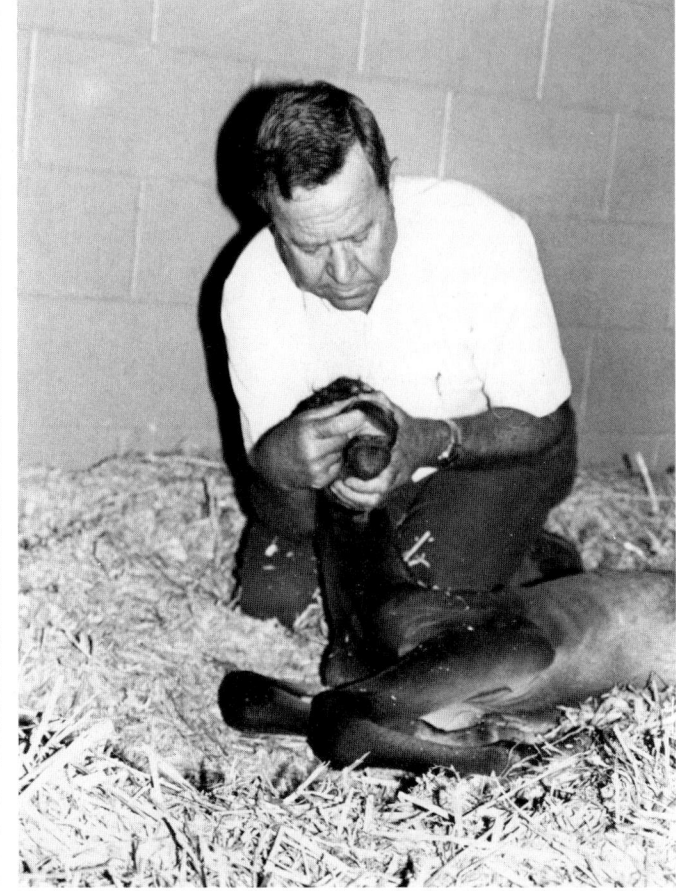

...die Innenseite der Lippe...

... Maul und Zunge...

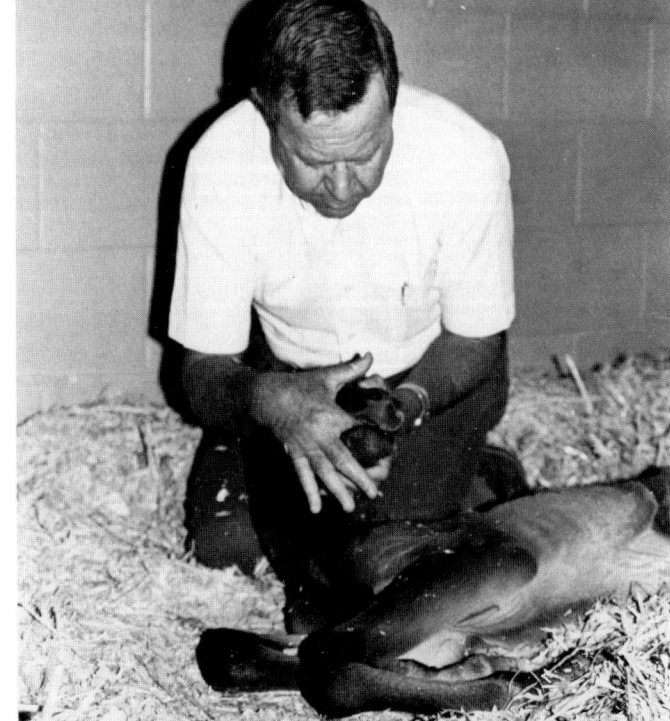

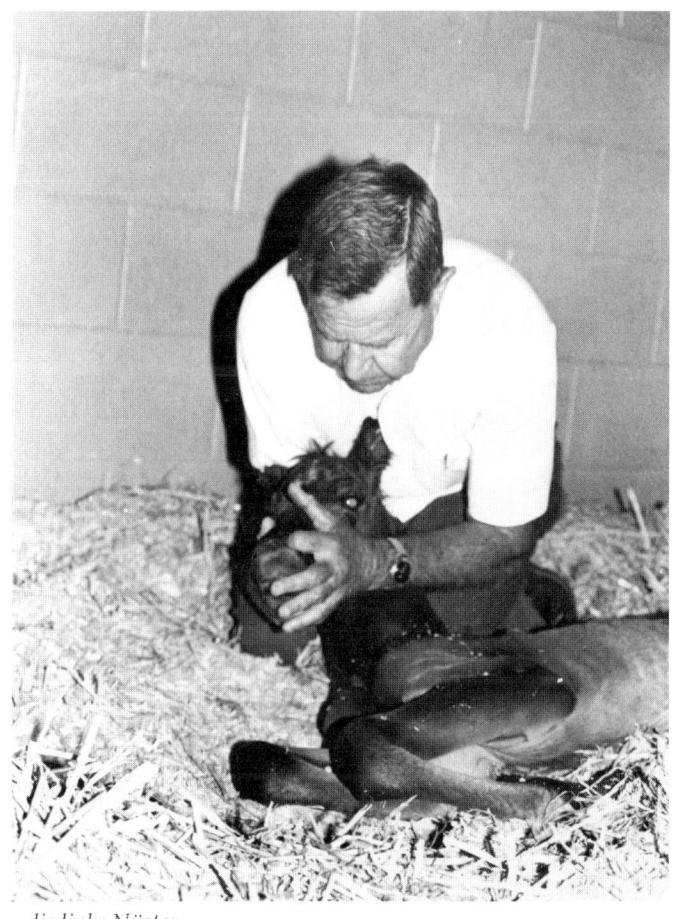

...die linke Nüster...

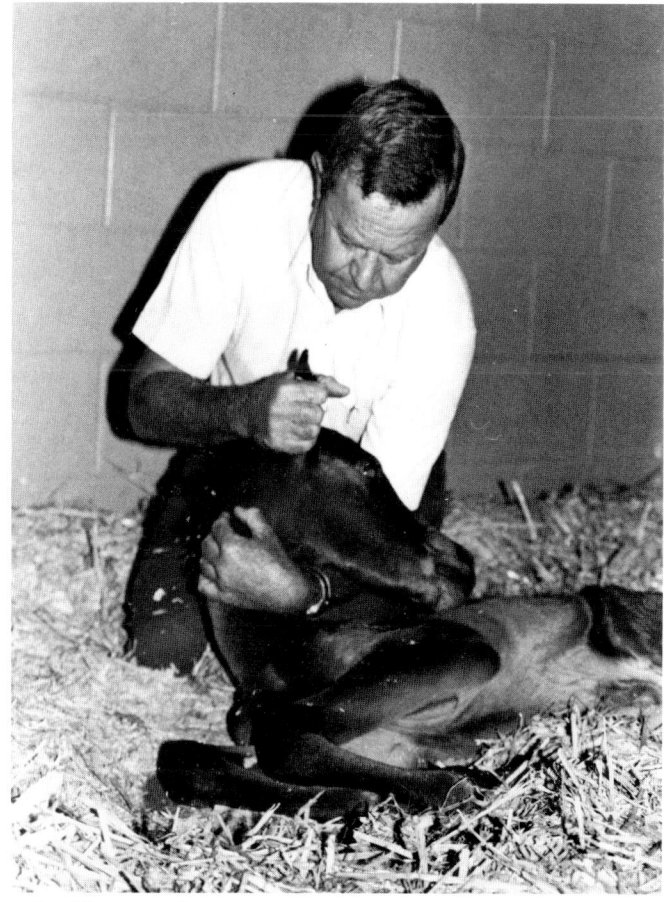

...das Ohr von außen...

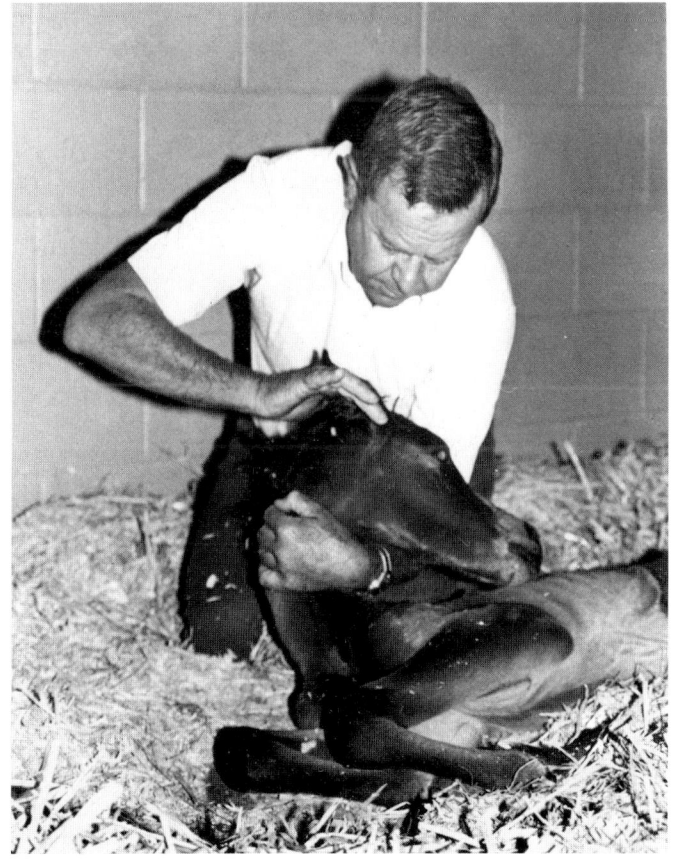

...und von innen. Beachten Sie die Stellung des Kopfes auf diesem und dem vorhergegangenen Foto. Es gibt zwei wichtige Gründe für diese Stellung: erstens wird ein Aufstehen des Fohlens verhindert und so meine Dominanz hergestellt. Zweitens wird das Fohlen so für seitliche Biegung konditioniert, das macht es in der zweiten und dritten Trainingseinheit, wenn es um die Halfterführigkeit geht, leichter.

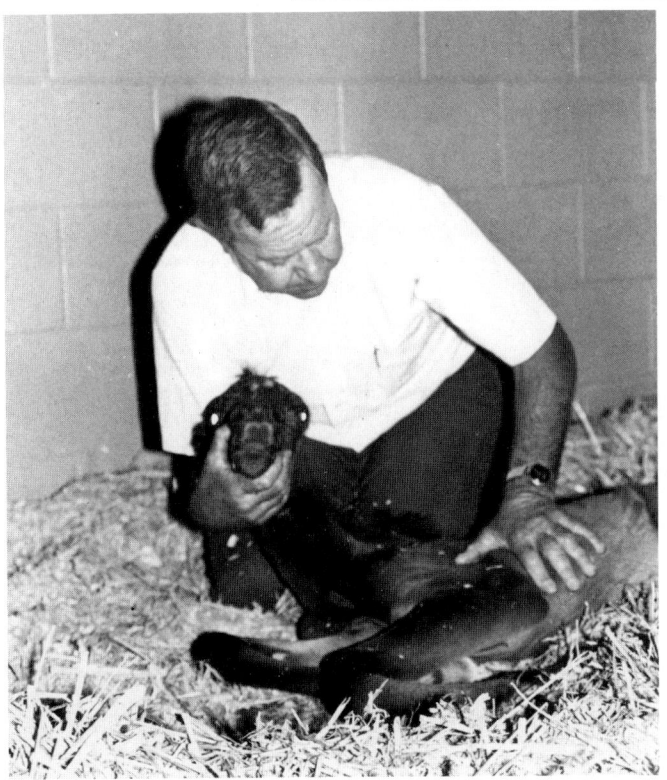

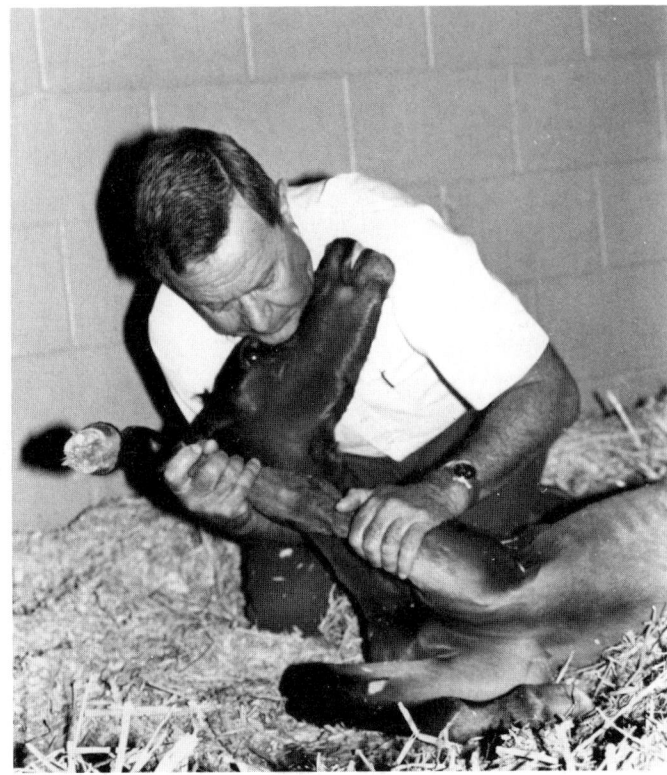

Ich desensibilisiere die linke Schulter und die Brust...

...und das linke Vorderbein. Beachten Sie, wie ich mit meinem Kinn den Kopf zurückhalte. Ideal ist es, wenn man einen Helfer hat, besonders bei großen, starken Fohlen.

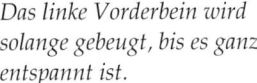

Das linke Vorderbein wird solange gebeugt, bis es ganz entspannt ist.

Ich desensibilisiere den linken Vorderhuf, indem ich 50 mal mit der Hand darauf klopfe. Das Stutfohlen versucht aufzustehen, wird aber durch meinen Griff daran gehindert.

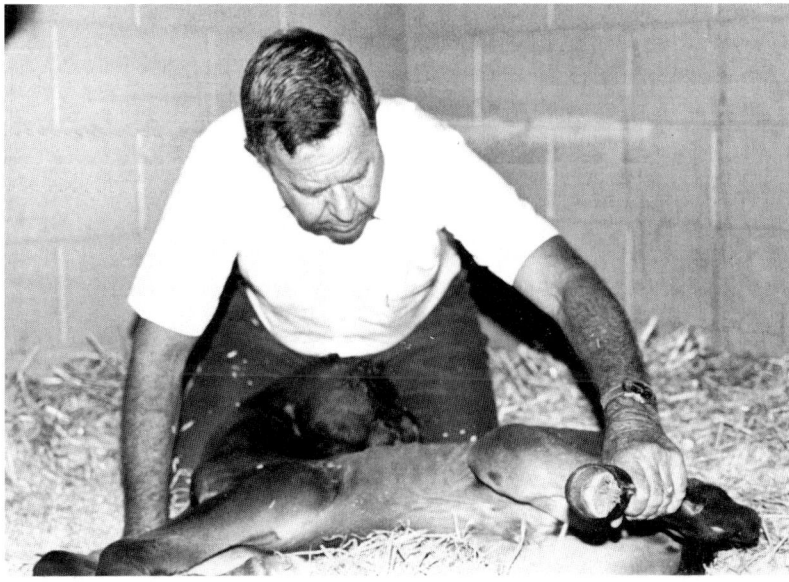

Die linke Hinterhand wird wiederholt gebeugt, bis sich das Bein entspannt und frei bewegen läßt.

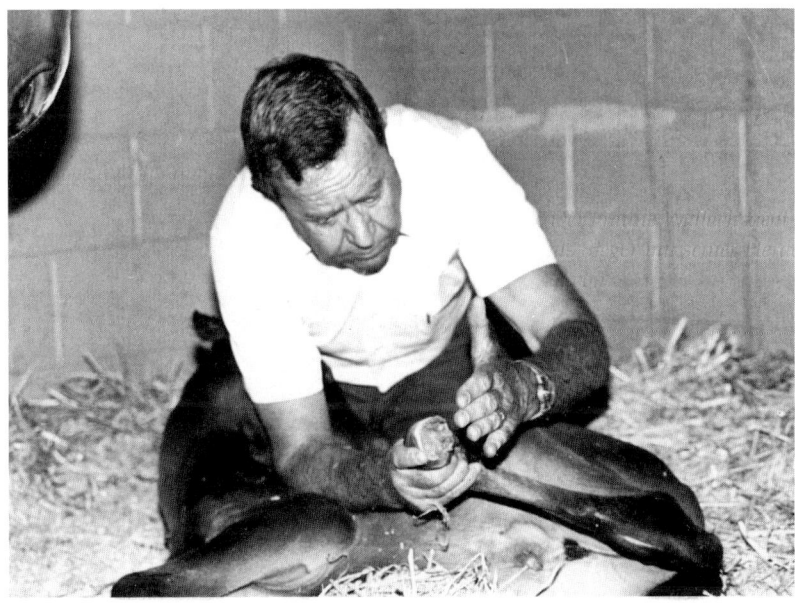

Ich klopfe 50 mal auf den Huf der linken Hinterhand, um das Fohlen für das Ausschneiden und Beschlagen zu desensibilisieren.

Die Nüstern kommen als nächstes an die Reihe. Führen Sie vorsichtig einen Finger in eine Nüster, und bewegen Sie ihn rhythmisch, bis der Bereich desensibilisiert ist.

Dann das Maul. Massieren Sie die Oberlippe von außen und innen. Stecken Sie dem Fohlen einen Finger ins Maul und desensibilisieren Sie Maul und Zunge. Ihr Fohlen wird sich immer ohne Probleme auftrensen lassen und Nasenbremse oder das Raspeln der Zähne tolerieren. Während Sie sich mit dem Maul beschäftigen, wird das Fohlen wahrscheinlich Saugbewegungen mit Maul und Zunge machen. Ignorieren Sie diese.

Wenn die Desensibilisierung des Kopfes abgeschlossen ist, gehen wir zum Hals über. Bearbeiten Sie den von allen Seiten, und schließen Sie auch die Mähne mit ein. Lassen Sie sich viel Zeit. Es braucht eine volle Stunde, um ein Fohlen, das noch nicht auf den Beinen ist, richtig zu desensibilisieren.

Nach dem Hals gehen Sie über den Widerrist und den Rücken bis zum Schweifansatz. Bearbeiten Sie die Schweifrübe und das Perineum, den Bereich unter dem Schweif.

Weil das Fohlen gerade auf der Seite liegt, desensibilisieren wir Schulter, Brustkorb und die Brust. Ich versuche nicht, den Teil des Bauches, wo später der Absatz und/oder die Sporen des Reiters ansetzen werden, zu desensibilisieren, denn wenn das Fohlen auf den Beinen ist, werden wir diese Gegend *sensibilisieren*.

49

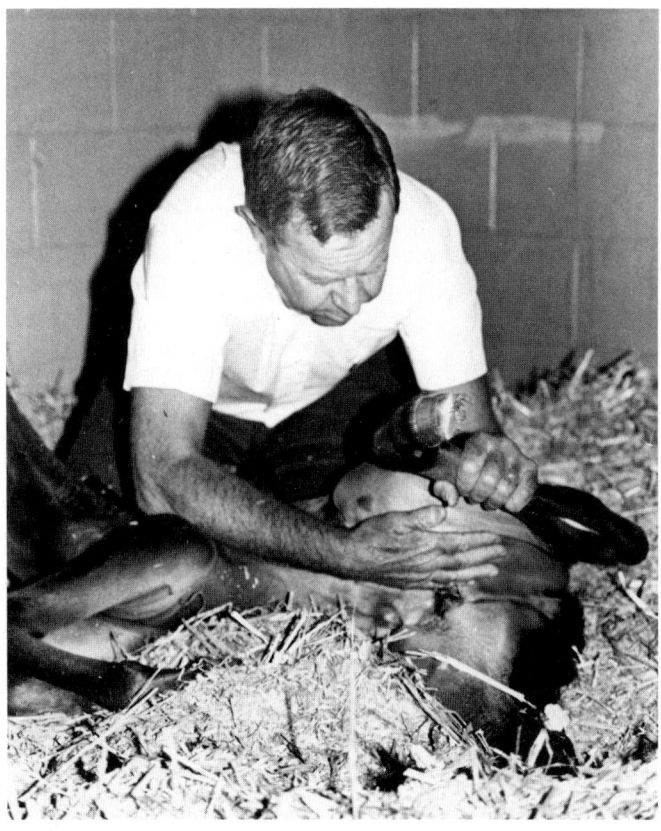

Ich desensibilisiere die Innennenseite der Hinterhand, und die Gegend um das Euter,

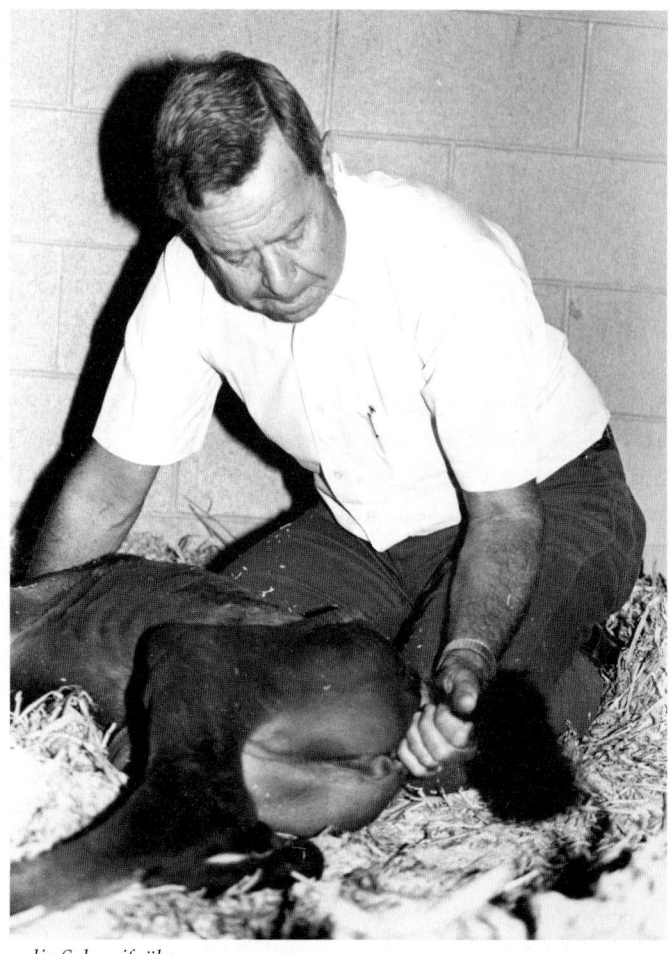

...die Schweifrübe...

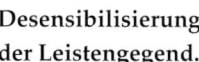

...und das Perineum werden desensibilisiert.

Desensibilisierung der Leistengegend.

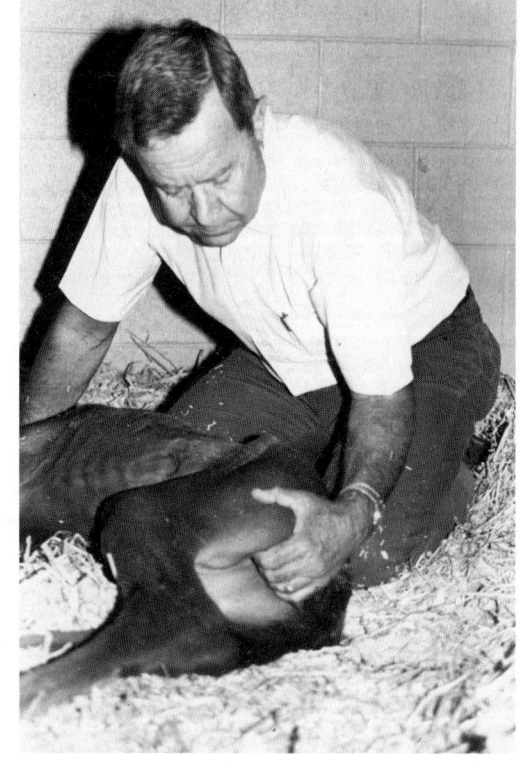

Das linke Hinterbein wird auf Gewöhnung getestet.

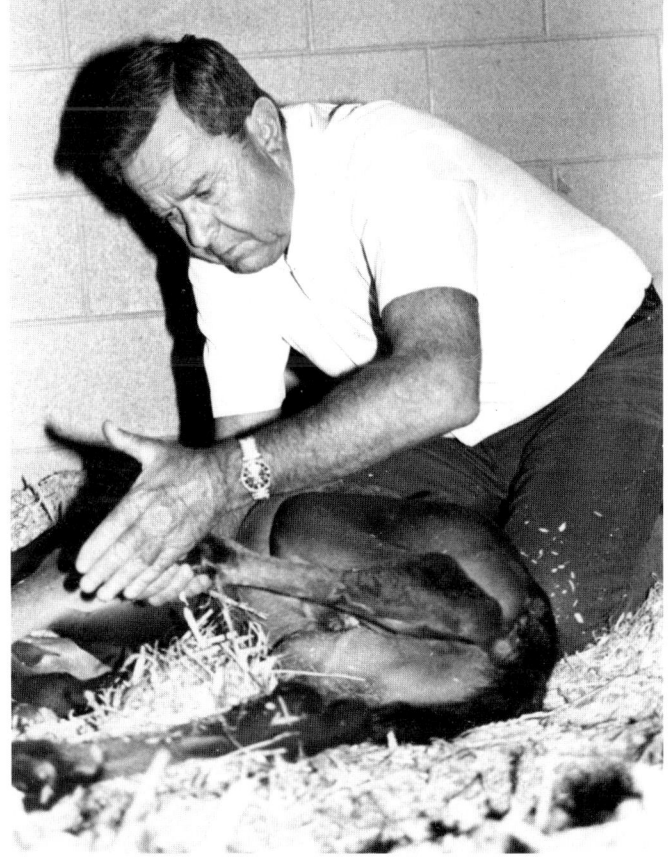

Der linke hintere Huf wird getestet.

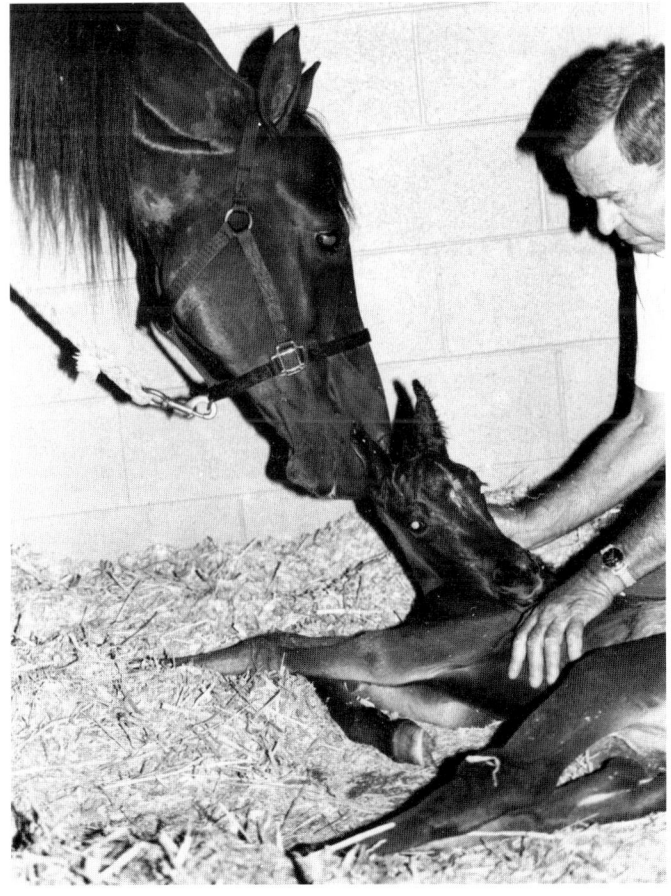

Ich mache eine Pause, um Stute und Fohlen etwas mehr Zeit zur Bindung zu erlauben.

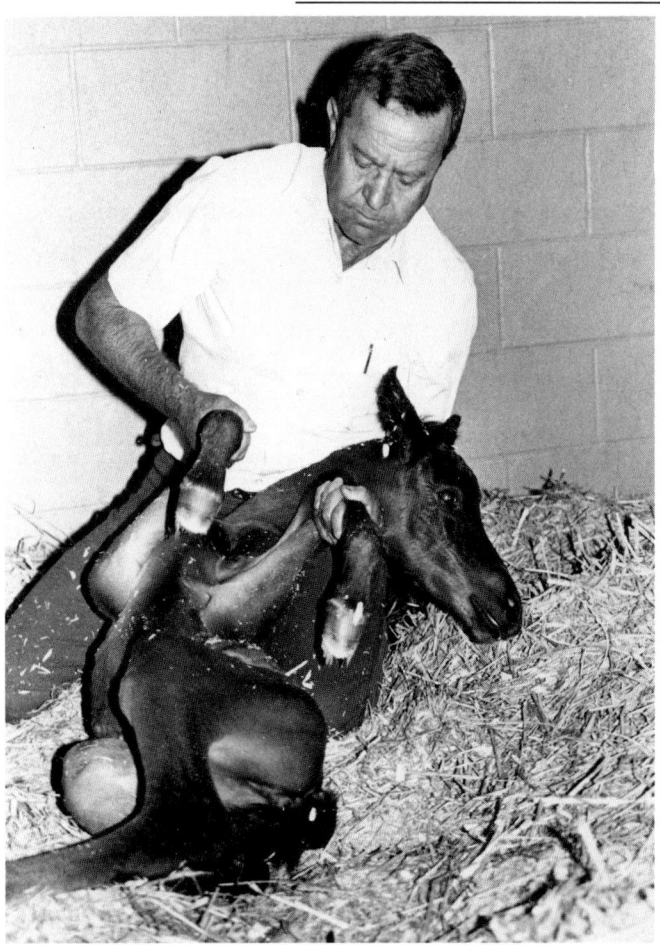

Ich drehe das Fohlen auf die andere Seite.

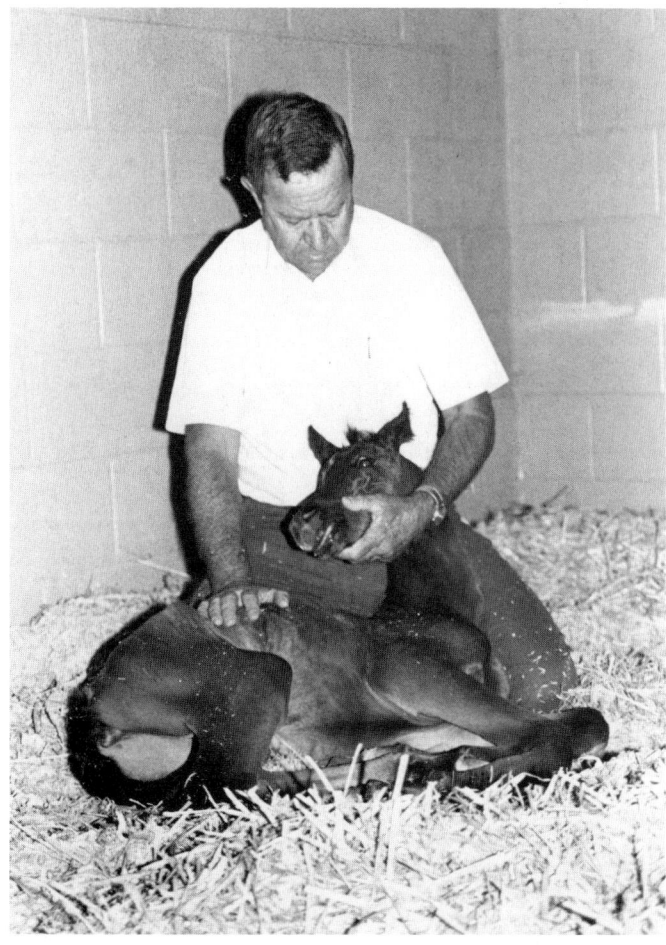

Jetzt kann ich den gesamten Prozeß auf der anderen Seite wiederholen.

Ich desensibilisiere die linke Ohrmuschel, indem ich mit meinen Finger 50 mal hineingehe.

Rollen Sie das Fohlen auf die andere Seite, ohne ihm dabei das Aufstehen zu erlauben und wiederholen Sie die gesamte Prozedur auf der anderen Seite.

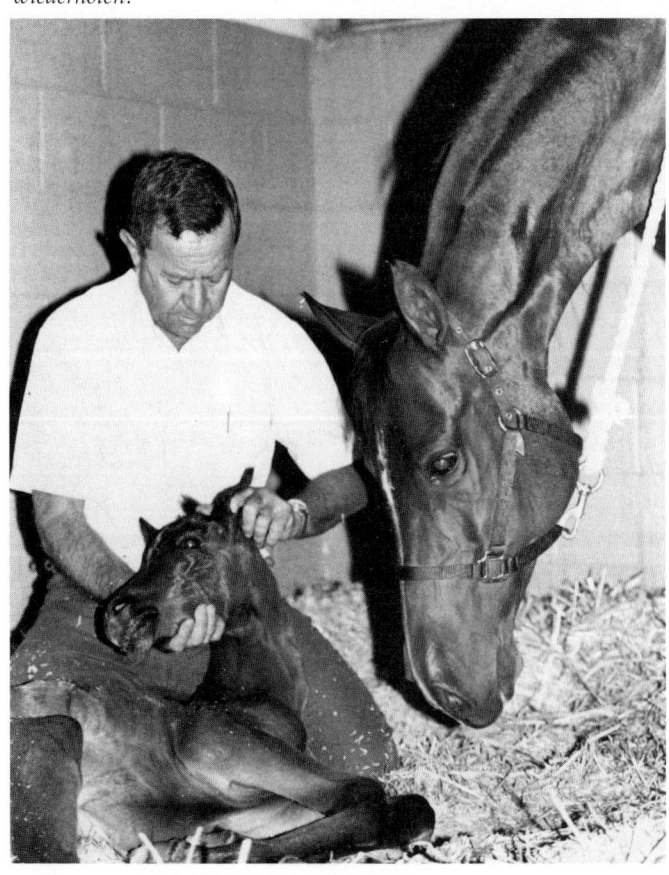

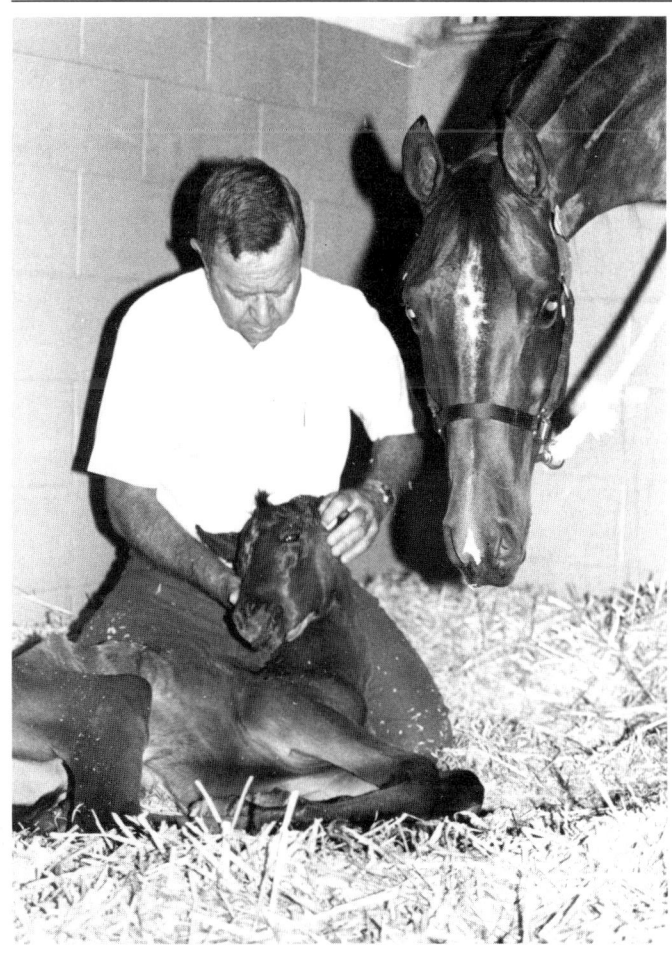

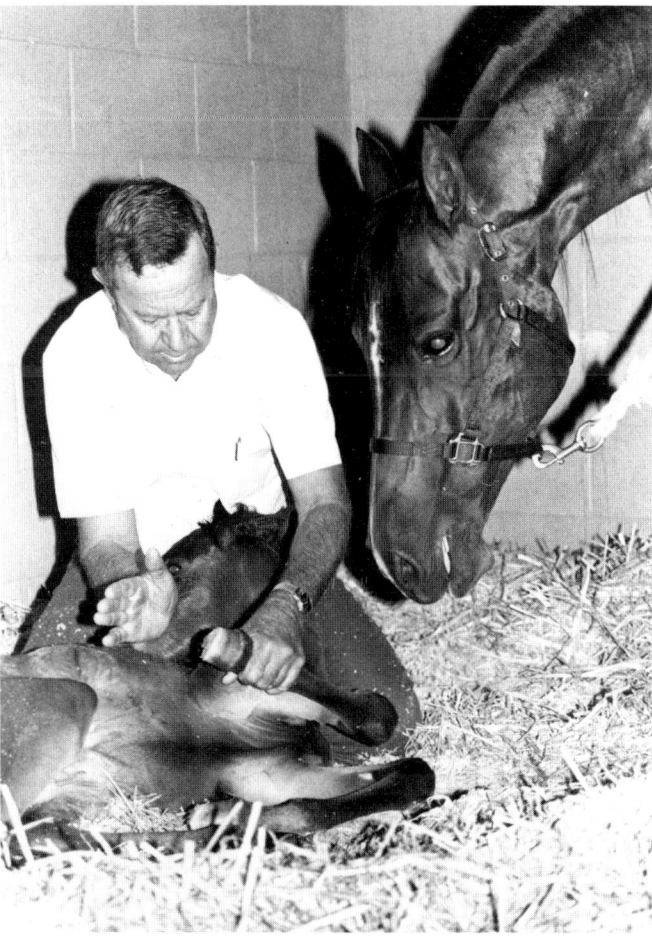

Das linke Ohr wird von außen desensibilisiert. Kopf und Hals sind auf diesen Fotos zur rechten Seite gebeugt.

Der rechte Vorderhuf wird durch 50maliges Klopfen mit der flachen Hand desensibilisiert.

Bearbeiten Sie den oberen Teil der Gliedmaßen, indem Sie wiederholt über die ganze Länge streichen, bis alles total desensibilisiert ist. Dann beugen Sie jedes Gelenk (Ellenbogen, Sprunggelenk, Kniegelenk usw.) ungefähr 30 mal. Schließlich, und das ist sehr wichtig, klopfen und reiben Sie jede Hufsohle mindestens 50 mal. Das nimmt dem Fohlen die Angst vor dem Beschlagen und Ausschneiden. Klopfen Sie fest genug auf die Hufsohle, um ein hörbares klatschendes Geräusch zu erzeugen; man kann sogar vorsichtig mit einem Metallteil darauf klopfen, um das Nageln zu simulieren.

Dann desensibilisieren Sie die Leistengegend. Ist es ein Hengstfohlen, dann muß der Bereich um den Penis besonders sorgfältig bearbeitet werden, bei einer Stute achte man auf den Euterbereich.

Drehen Sie das Fohlen auf die andere Seite, ohne es dabei aufstehen zu lassen, und wiederholen Sie die gesamte Prozedur auf der Gegenseite. Geben Sie acht, daß Sie nicht von den schlagenden Beinen getroffen werden.

Eine gute Idee ist es auch, das Fohlen gegen die elektrische Schermaschine zu desensibilisieren. Scheren Sie das Fohlen nicht wirklich, sondern fahren Sie nur mit der Schermaschine bei laufendem Motor über den gesamten Körper des Fohlens; besonders gründlich auch über das

Gesicht und die Ohren. Ich benutze gerne zuerst kleine Geräte, und wechsle dann zu großen und sehr lauten Geräten. Wie immer, müssen Sie jeden einzelnen Reiz bis über die Desensibilisierung hinaus stimulieren.

Wer es für notwendig hält, kann auch eine Sprühflasche mit warmem Wasser benutzen, um das Fohlen an Fliegen- und andere Sprays zu gewöhnen. Seien Sie vorsichtig damit; das Fohlen darf nur sehr leicht besprüht und nicht naß werden. Wenn das Wetter kühl ist, ist es sinnvoll, diesen Schritt auf später zu verschieben.

Ich reibe das Fohlen auch gern mit einer raschelnden, weißen Plastiktüte ab. Weiß ist für Pferde am besten sichtbar, und das raschelnde Plastik muß wohl klingen wie ein Löwe, der durch das trockene Steppengras schleicht. Kein Wunder, daß viele Pferde Angst vor Papier und Plastik haben und an windigen Tagen oft schreckhaft sind.

Für alle diese Übungen zusammen braucht man ungefähr eine Stunde. Dabei soll die Stute ständig das Fohlen beriechen und ablecken können. Jetzt ist die erste Lektion des Prägungstrainings für das Fohlen beinahe beendet. Bevor Sie es verlassen, lassen Sie es aufstehen, sein Gleichgewicht finden und zum ersten Mal bei der Mutter saugen.

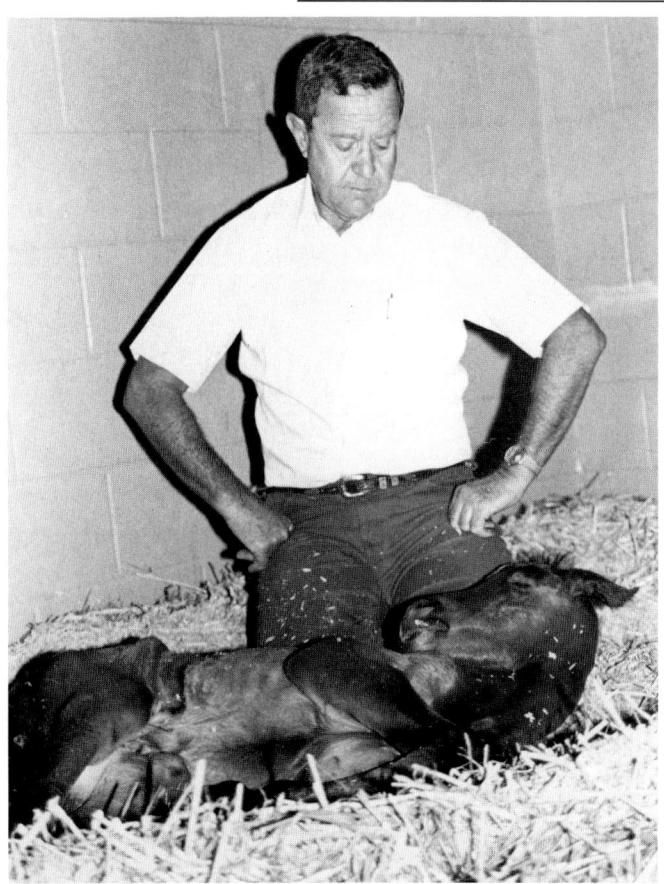

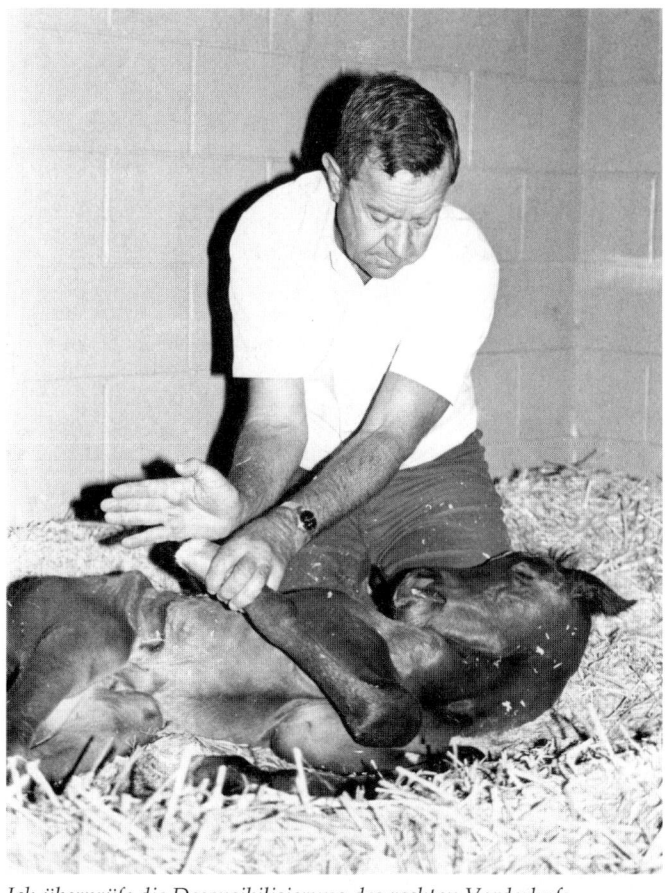

Beachten Sie, wie entspannt das Fohlen mit dem Kopf auf der rechten Seite daliegt. Sie kämpft nicht mehr und ist ganz ruhig und ergeben. Ich habe die Desensibilisierung der rechten Seite abgeschlossen.

Ich überprüfe die Desensibilisierung des rechten Vorderhufs...

...und des rechten Hinterhufs.

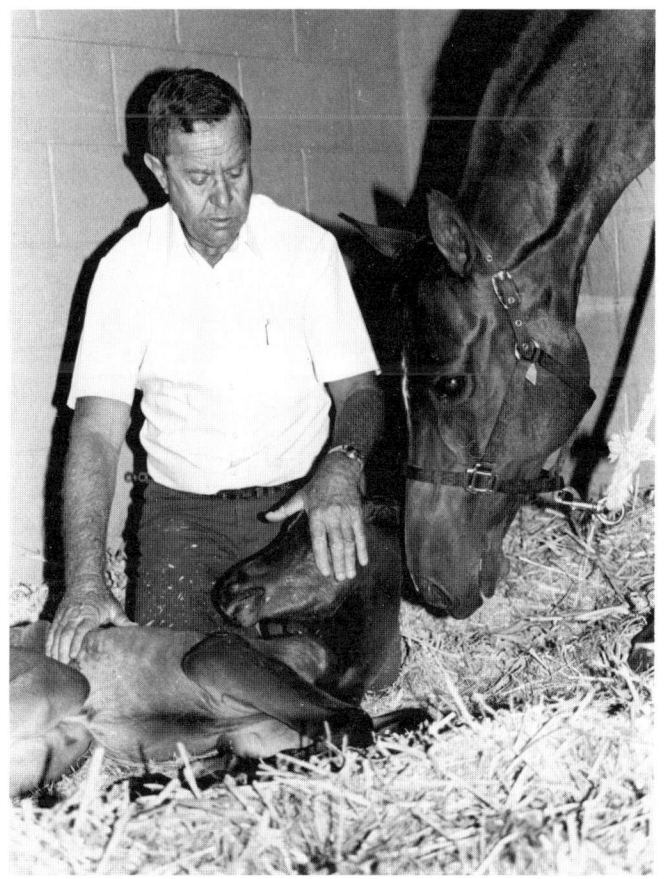

Die Stute bekommt etwas mehr Zeit für die Bindung mit ihrem Fohlen.

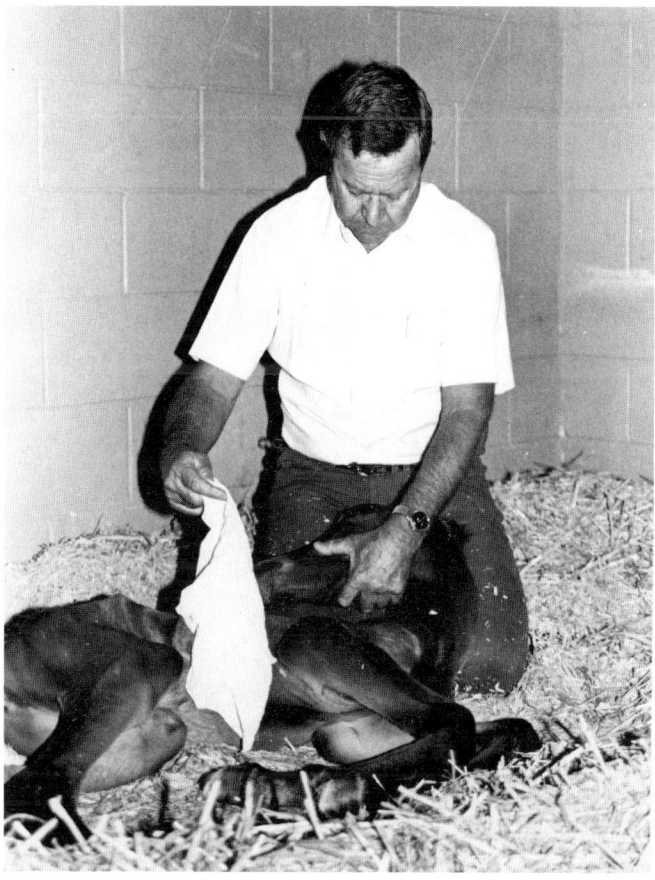

Das Stutfohlen wird hier gegenüber weißen Lappen desensibilisiert...

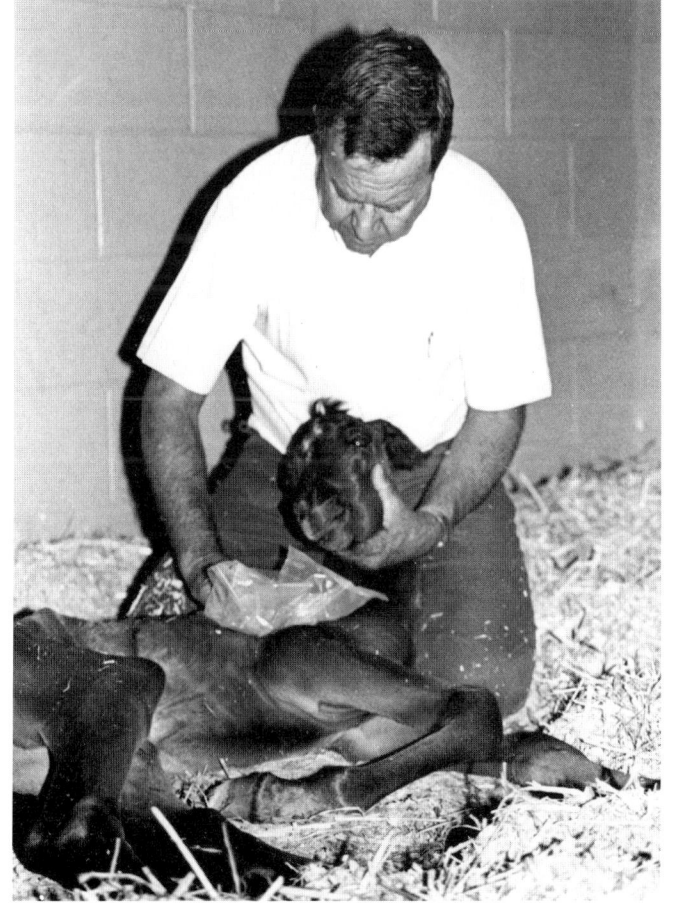

...und gegenüber der raschelnden Plastiktüte auf seinem Körper...

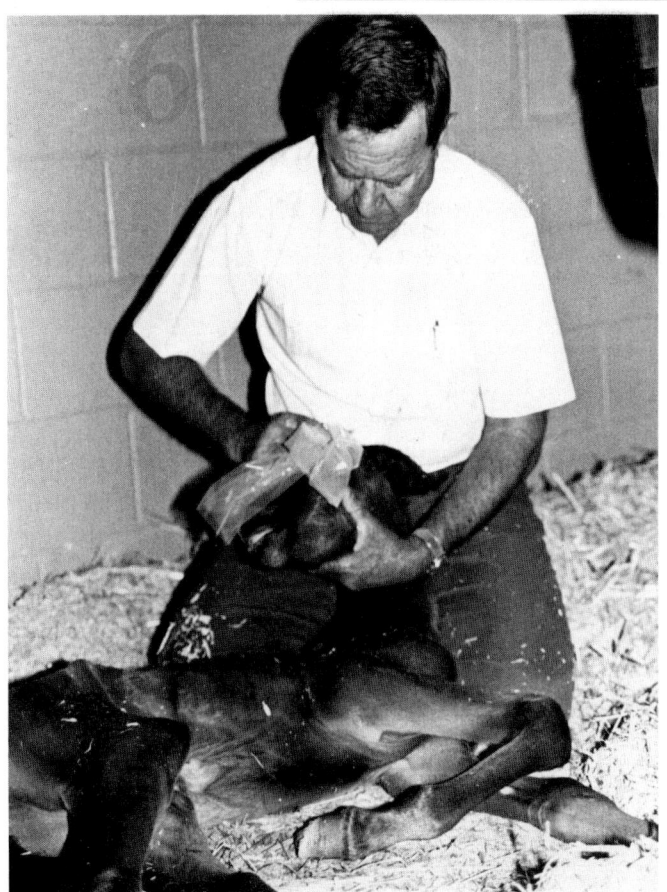

...und auf seinem Gesicht.

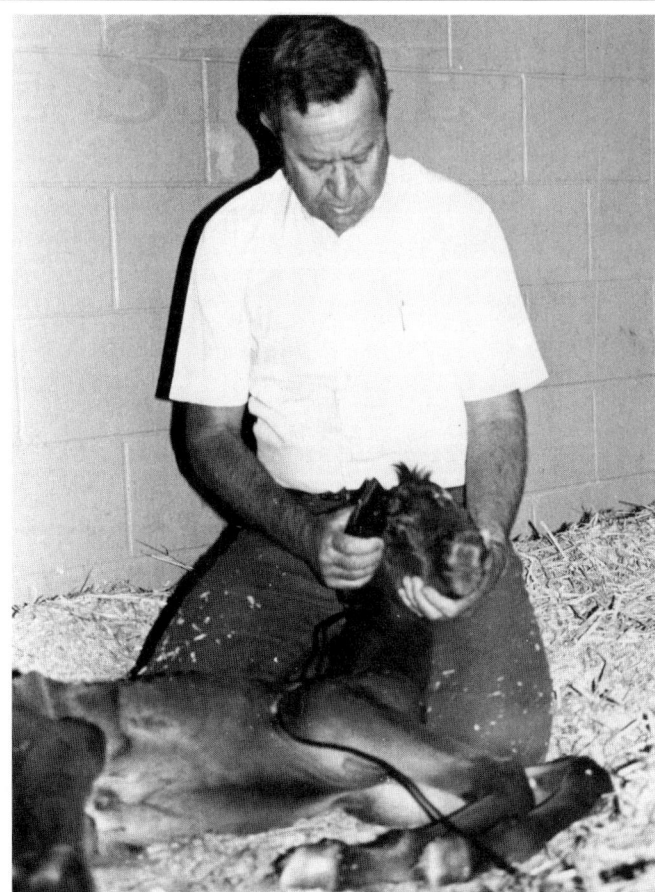

Ich gewöhne das Fohlen an das Summen und die Vibration der elektrischen Schermaschine entlang der einen Seite des Kopfes...

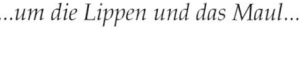

...um die Lippen und das Maul...

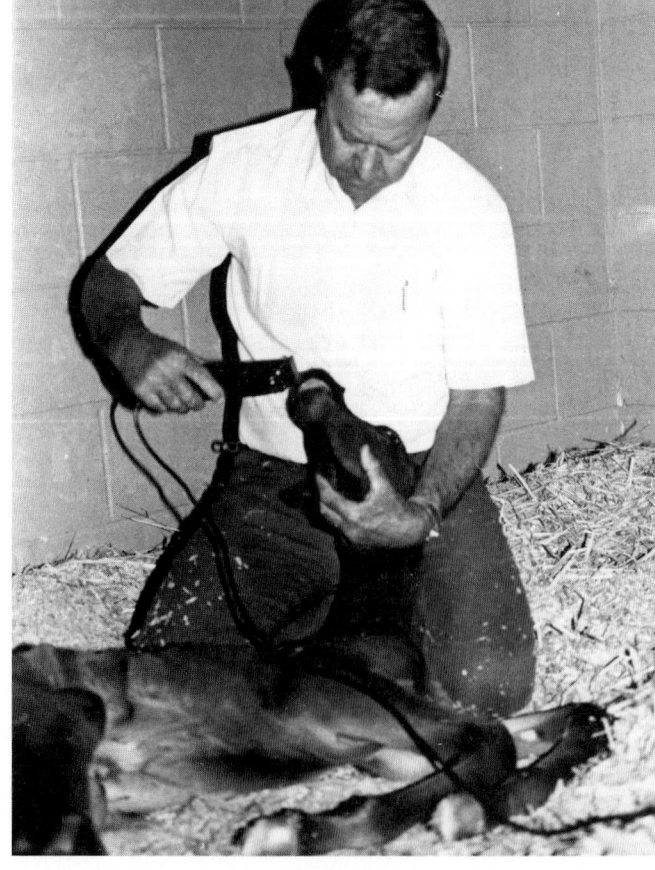

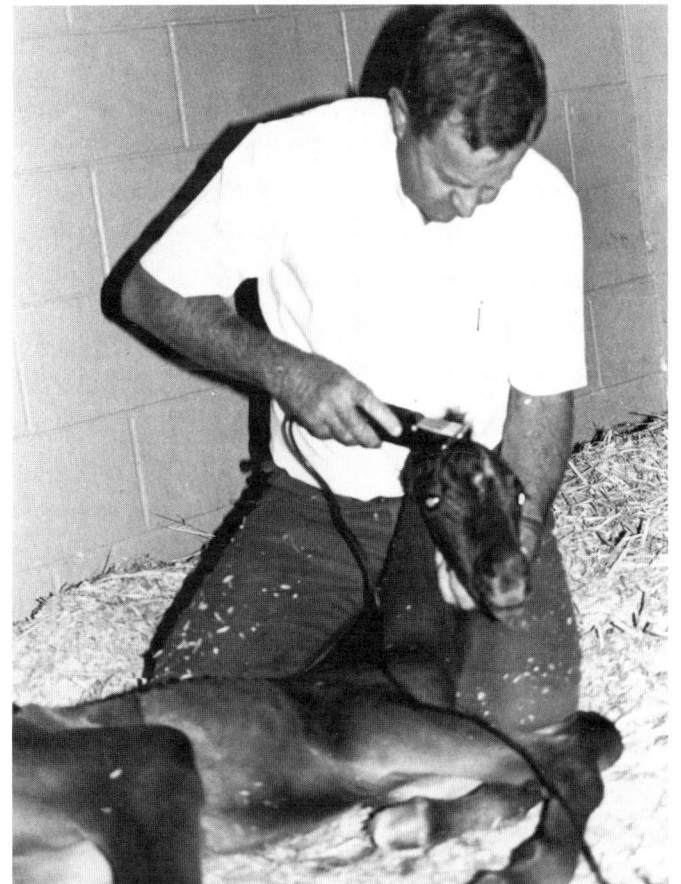

...um das rechte Ohr...

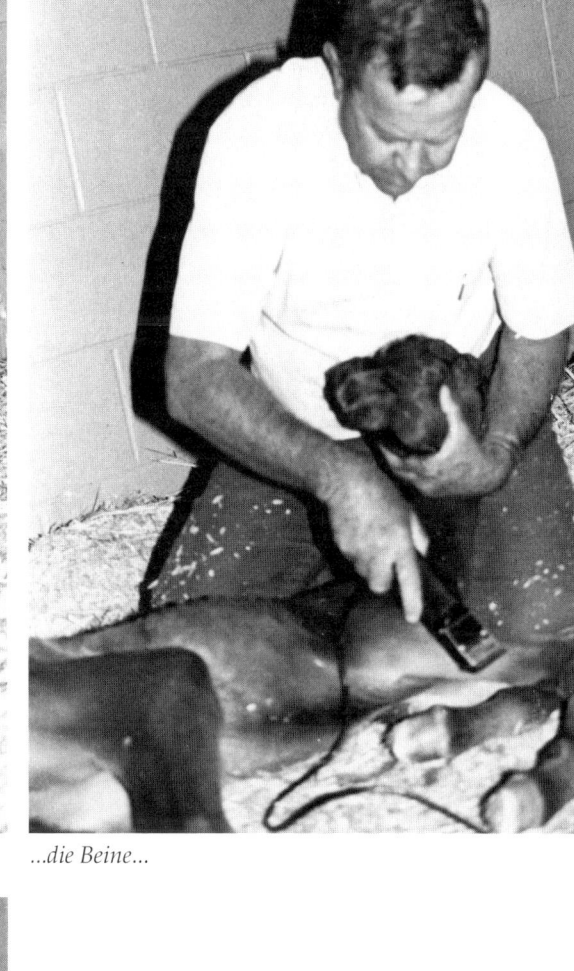

...die Beine...

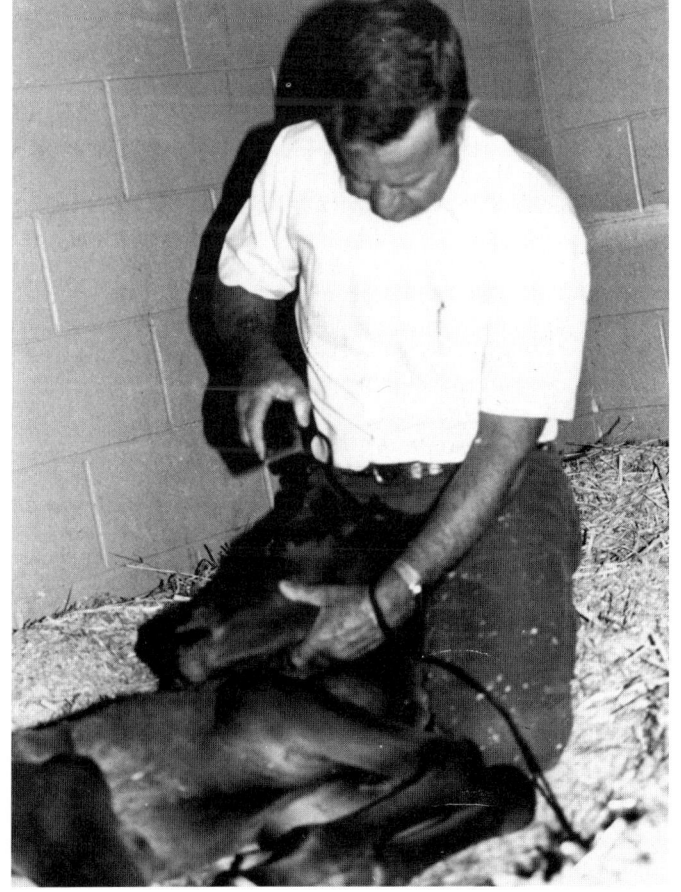

...und das linke Ohr.

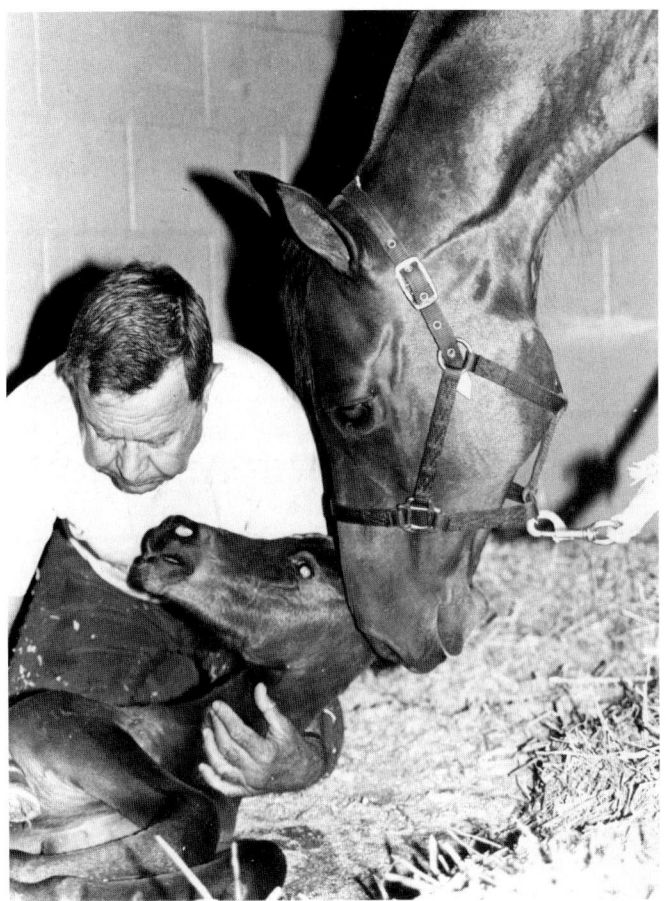

Die Stute festigt weiterhin ihre Bindung zu ihrem Fohlen, während ich mit ihm arbeite.

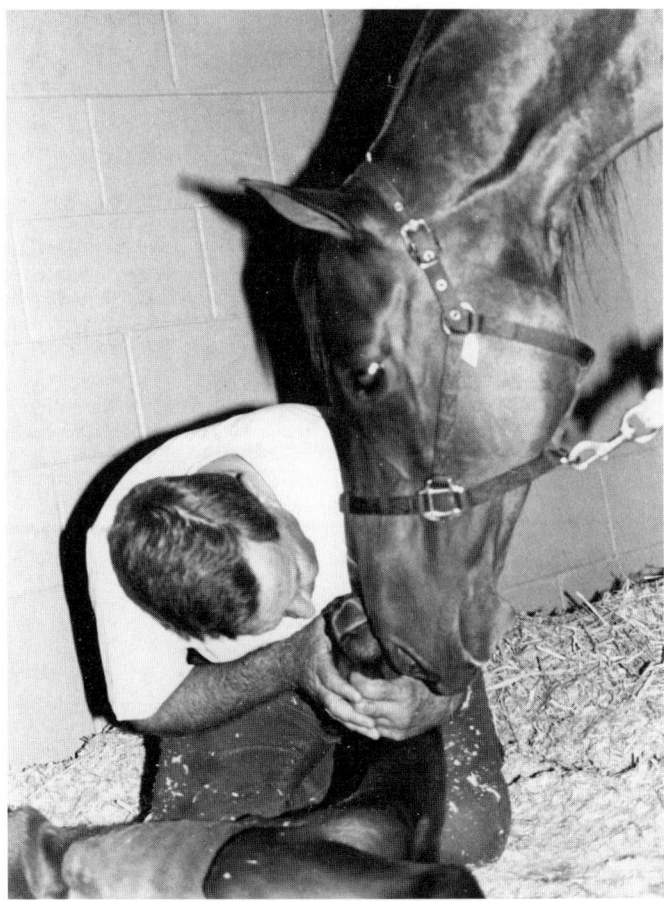

Ich blase in die Nüstern der kleinen Stute, um die Bindung zu mir zu verstärken.

Gymnastizieren von Hals und Beinen

Während ich mit dem auf der Seite liegenden neugeborenen Fohlen arbeite, biege ich seinen Hals zur Seite und bringe die Nase damit dem Widerrist entgegen. Gewöhnlich behalte ich diese Positsition bei, indem ich die Nase unter meinen Arm stecke und den Kopf mit Hilfe meines Ellenbogens dort ein paar Minuten festhalte, während ich mit der anderen Hand das Fohlen abreibe und die verschiedenen Berührungsreize durchgehe. Weil ich das Fohlen auf die andere Seite rolle, um beide Körperhälften gleichmäßig zu desensibilisieren, wird diese seitliche Biegung von Kopf und Hals in beide Richtungen vorgenommen.

Der ursprüngliche Grund für diese Position war, das Fohlen am Aufstehen zu hindern. Ich führe das Prägungstraining normalerweise allein aus, obwohl ich sonst empfehle, daß sich zwei Leute zusammentun, einer, um das Fohlen am Boden festzuhalten, während der andere die verschiedenen Maßnahmen vornimmt. Besonders wichtig ist das für Anfänger im Prägetraining, oder für jemanden, dem die Kraft oder die Erfahrung fehlt, um ein Fohlen am Aufstehen zu hindern.

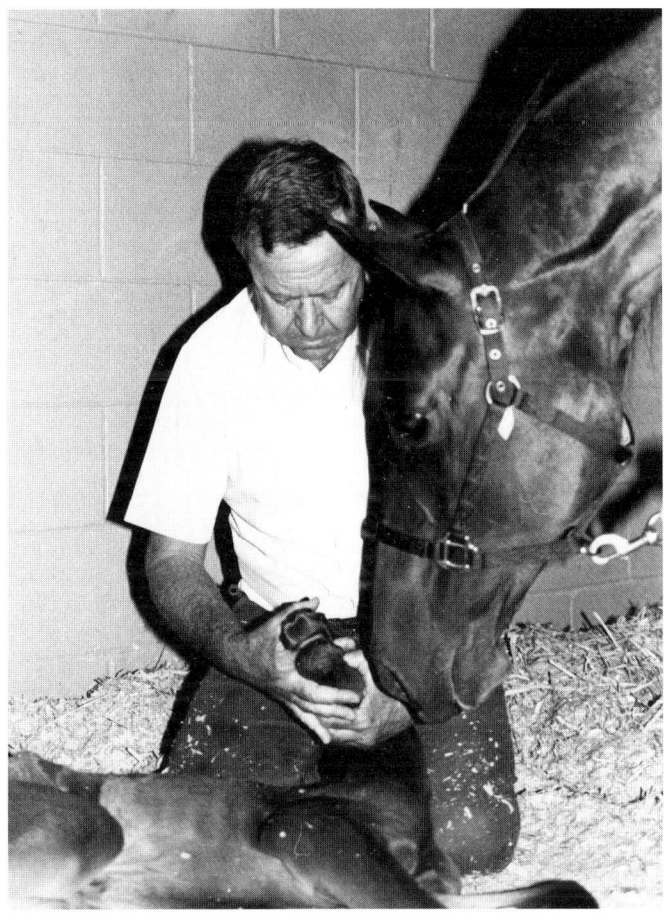

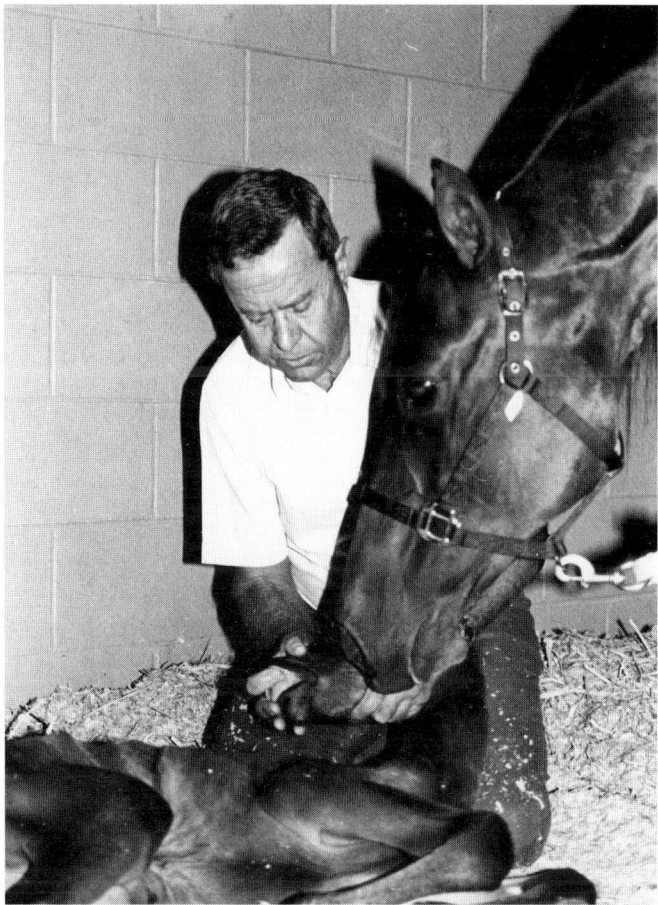

Noch einmal wird das Maul desensibilisiert, diesmal von der rechten Seite. Ab jetzt wird eine Untersuchung der Mundhöhle bei dieser Stute einfach durchzuführen sein. Sie wird sich auch leicht an das Gebiß gewöhnen.

Ich überprüfe die Desensibilisierung der Oberlippe. Hiermit war die erste Lektion mit diesem Stutfohlen beendet - nach ungefähr 50 Minuten. Ich ließ sie frei, und sie kam hoch auf ihre Beine und begann bald zu saugen.

Manche Fohlen sind überraschend stark, und ein Unerfahrener kann schnell von den flinken Fohlenbeinen getroffen werden, wenn er nicht aufpaßt. Wenn ich alleine arbeite, kann ich das Fohlen durch die seitliche Biegung des Kopfes (wie beschrieben) am Aufstehen hindern.

Während wir Fotos für dieses Buch machten beim Prägungstraining einiger neugeborener Fohlen auf der Ranch einer Bekannten, machte die Besitzerin der Fohlen eine wichtige und, ich denke, bezeichnende Beobachtung. Sie war der Meinung, daß die seitliche Biegung von Kopf und Hals des Fohlens und das Einhalten dieser Position für ein paar Minuten wahrscheinlich das Halfterführigmachen, das ich meist am nächsten Tag beginne, erleichtert.

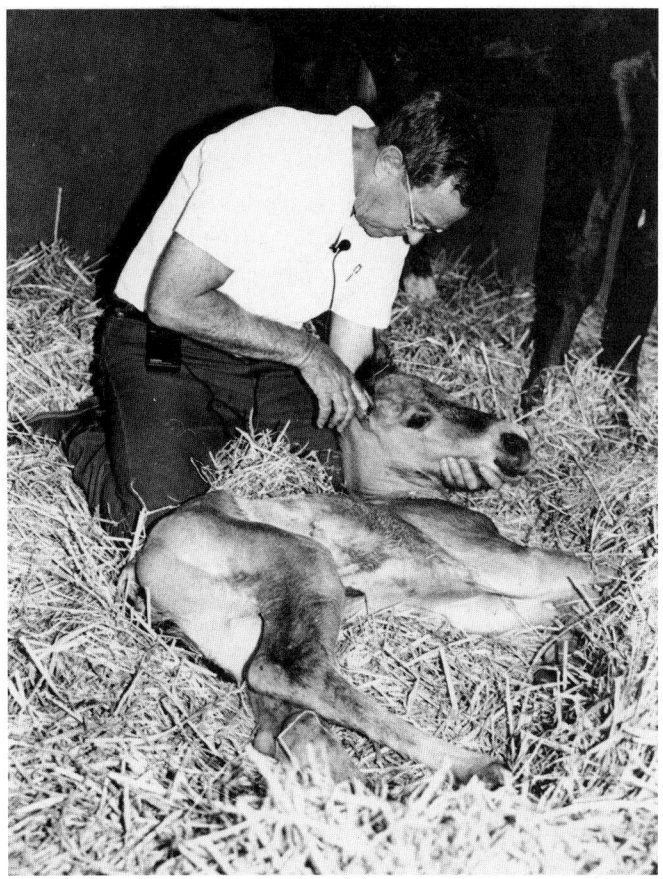

Diese nächste Bilderserie zeigt Prägung und Training bei einem neugeborenen Fohlen in Malibu Valley Farms, einem Vollblutgestüt. Dies ist allerdings das Quarter Horse-Fohlen einer Stute, die zum Abfohlen und für das Prägungstraining des Fohlens dort untergebracht war. Obwohl das Fohlen noch nicht auf den Beinen war, hat es die Stute bereits abgeleckt, und die Bindung zwischen Mutter und Kind hat stattgefunden. Hier desensibilisiere ich gerade die Ohren.

Jetzt gehe ich zu den Nüstern über...

...die Oberlippe...

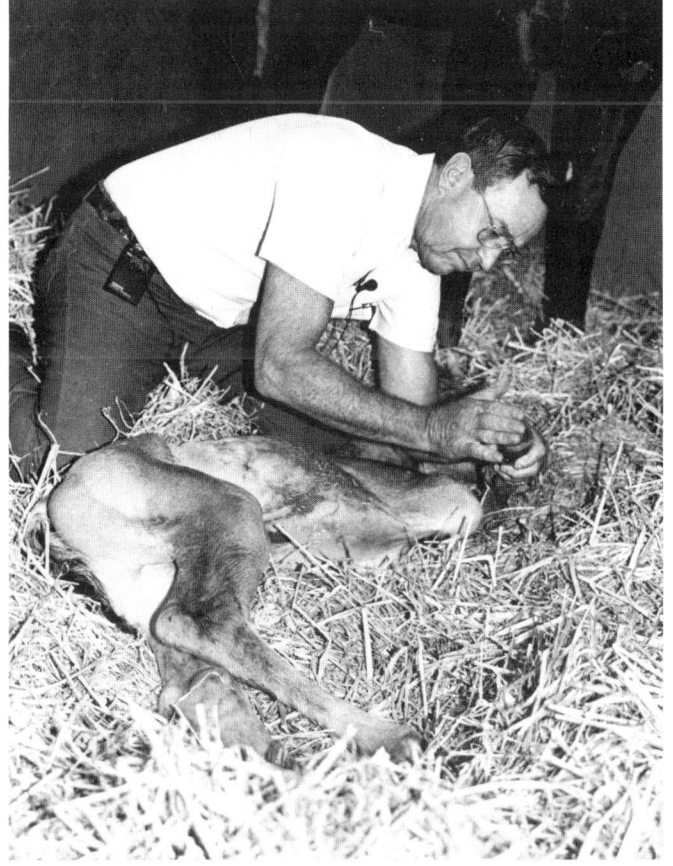

...ein Vorderbein...

...das rechte Hinterbein...

...und das Perineum
(die Gegend unter der
Schweifrübe).

Das Fohlen wird gegen raschelndes Plastik desensibilisiert...

Ich hatte das vorher nicht bewußt gewürdigt, aber ich denke, sie hat recht. Gleich nach der Geburt lernt das Fohlen, mit dem Kopf zur Seite nachzugeben, und genau das wird von ihm am nächsten Tag verlangt, wenn es auf seinen Beinen steht und lernt, geführt zu werden. Die seitliche Biegung von Kopf und Hals hilft auch, das Fohlen etwas lockerer zu machen, falls es hier ein bißchen steif ist. Dies mögen zwei Gründe sein für das schnelle Halfterführrigwerden nach dem ersten Prägungstraining.

Ähnlich verfahre ich mit den Beinen; wenn sie desensibilisiert sind, beuge ich wiederholt jedes Gelenk und halte dann jedes Bein für mindestens eine Minute in einer bequemen, gebeugten Stellung. Meistens zappelt das Fohlen ein wenig, entspannt sich dann aber bald und läßt das Bein in jede Position bringen. Wenn ich am nächsten Tag ein Bein anhebe und es gebeugt festhalte, leistet es kaum Widerstand. Das Bein ist völlig ergeben.

Eine Woche später kann ich normalerweise eine Schlinge um einen beliebigen Fesselkopf legen und ohne großen Kraftaufwand das Bein für ca. 20 Sekunden hochheben und in gebeugtem Zustand festhalten. Diese Fohlen lernen, noch bevor sie eine Stunde alt sind und bevor sie überhaupt auf den Beinen waren oder gesaugt haben, daß es sinnlos ist, sich gegen das Aufheben der Hufe zu wehren. Sie sind tatsächlich schon ans Hobbeln gewöhnt. Sie werden sich ohne Widerstand ausschneiden oder beschlagen lassen, und sie werden nicht so leicht in Panik geraten, wenn ein Bein sich einmal in einem losen Seil oder Draht verfängt.

Fohlen, die bereits bei der Geburt lernen, Kopf und Beine zu geben, entwickeln auch leichter ein untergebenes, williges und abhängiges Verhalten dem Menschen gegenüber. Wie an anderer Stelle bereits besprochen, ist der Entzug einer Fluchtmöglichkeit einer der einfachsten Wege, um sich bei Pferden Dominanz zu verschaffen. Wenn eine Flucht, die wichtigste Überlebensmaßnahme in der Wildnis, dem Pferd unmöglich gemacht wird, spürt es, daß es sein Leben nicht mehr schützen kann und sucht eine Führerperson, die ihm Sicherheit vermitteln kann.

Ich habe ähnliche Änderungen im Verhalten bei anderen Arten beobachtet, wenn man ihnen ihr Überlebensverhalten unmöglich macht. So werden Hunde, deren wichtigste Waffe die Zähne sind, hilflos, wenn sie einen Maulkorb tragen, und Rinder, deren Hauptwaffe die Hörner sind, werden hilflos, wenn ihre Nase hochgehoben und der Kopf immobilisiert wird.

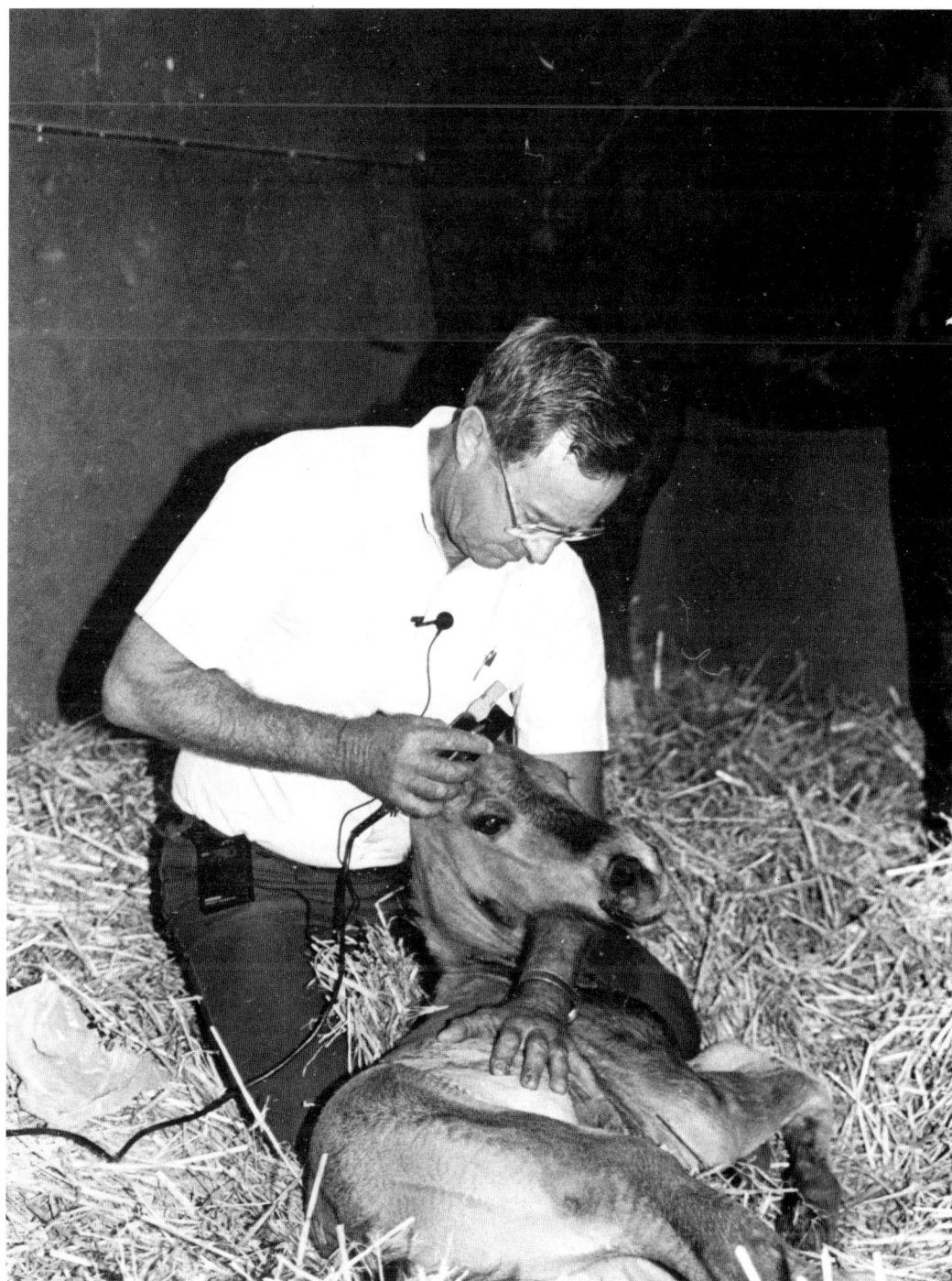

...und gegenüber der elektrischen Schermaschine. Ich arbeite weiter mit diesem Fohlen in Kapitel 8 - nachdem es auf die Beine gekommen ist.

8 DIE ZWEITE LEKTION

Fotos von Debby Miller

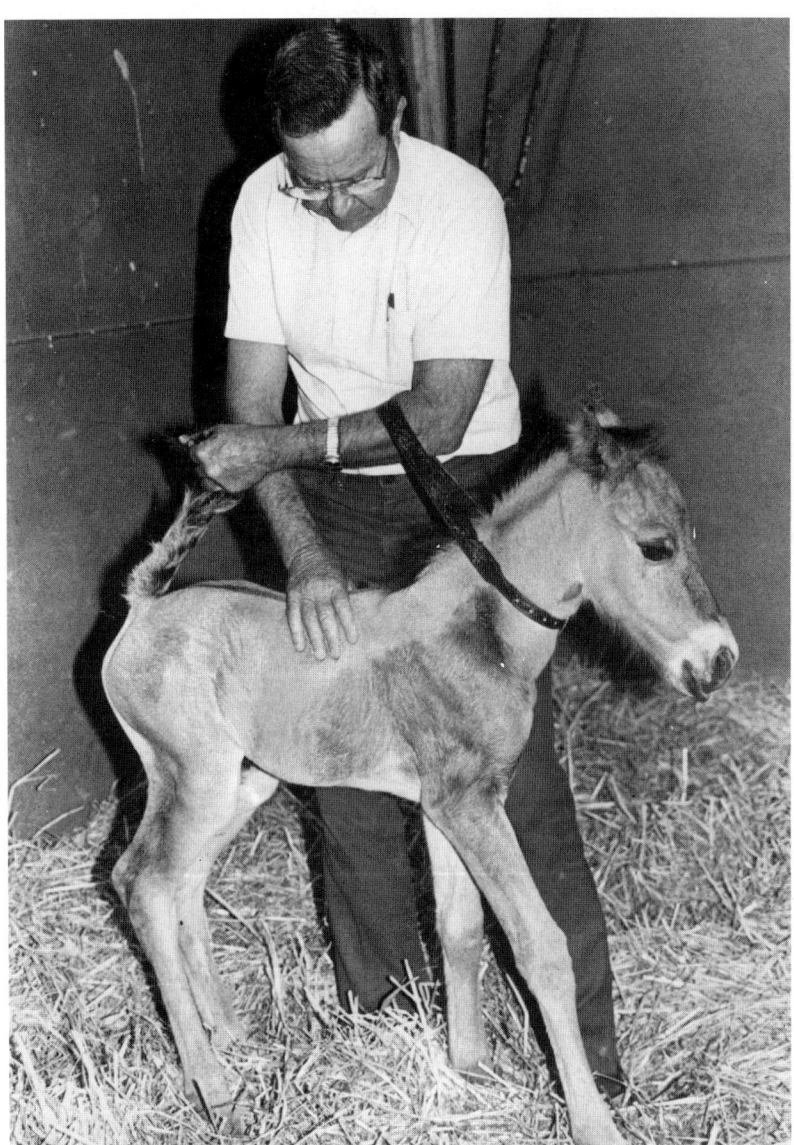

Hier beginne ich die zweite Lektion mit dem Quarter Horse-Fohlen, mit dem ich in Kapitel 7 angefangen habe. Jetzt ist es auf den Beinen und hat bereits gesaugt. Ich benutze meinen Gürtel, um die Vorhand zu unterstützen, und die Schweifrübe, um die Hinterhand zu stützen, während ich die Sattellage an Druck gewöhne. Es ist besser, dies mit zwei Leuten zu tun - einer muß das Fohlen halten, und der andere desensibilisiert -, aber ich bin es gewohnt, alleine zu arbeiten.

Die zweite Lektion kann abgehalten werden, nachdem das Fohlen gesäugt hat und stark genug ist, für eine Weile aufzustehen. Neugeborene Fohlen werden schnell müde, und anders als erwachsenen Pferde, die im Stehen schlafen und unbegrenzte Zeit auf den Beinen bleiben können, müssen Fohlen sich hinlegen, um auszuruhen. Deswegen sollte die zweite Trainingsperiode nicht länger als fünfzehn Minuten dauern. Falls man in fünfzehn Minuten nicht fertig wird, soll man trotzdem aufhören und später weitermachen, nachdem das Fohlen sich ausgeruht hat.

Manchmal wird man von einer Stute überrascht, und sie fohlt unerwartet, so daß wir das Fohlen bereits auf seinen Beinen vorfinden. In diesem Fall kann das Prägungstraining, das ich im vorhergegangenen Kapitel beschrieben habe, am stehenden Fohlen durchgeführt werden, nur sollte man dann anstatt einer einstündigen Sitzung mehrere Lektionen à fünfzehn Minuten abhalten. Eine andere Möglichkeit ist auch, das Fohlen wieder auf den Boden zu legen, am Aufstehen zu hindern und am Boden zu desensibilisieren, als ob es noch nicht aufgestanden wäre.

Fohlen muß man sehr vorsichtig hinlegen. Neulingen auf diesem Gebiet empfehle ich zu warten, bis das Fohlen sich von selbst wieder hinlegt; dann kann man sich ihm von hinten nähern, senkrecht zu seiner Wirbelsäule. Man hält das Fohlen am Boden, indem man die Nase in Richtung Widerrist biegt und die obere Vorhand beugt.

Auf jeden Fall gibt es einige Desensibilisierungs-Prozeduren, die einfacher zu erledigen sind, nachdem das Fohlen steht. Die erste ist, das Fohlen an Druck auf seinen Rücken zu gewöhnen.

Ideal ist es, wenn man ein Team von drei Leuten dazu hat. Einer hält die Stute, ein zweiter hält das Fohlen, und der dritte nimmt die Desensibilisierung vor.

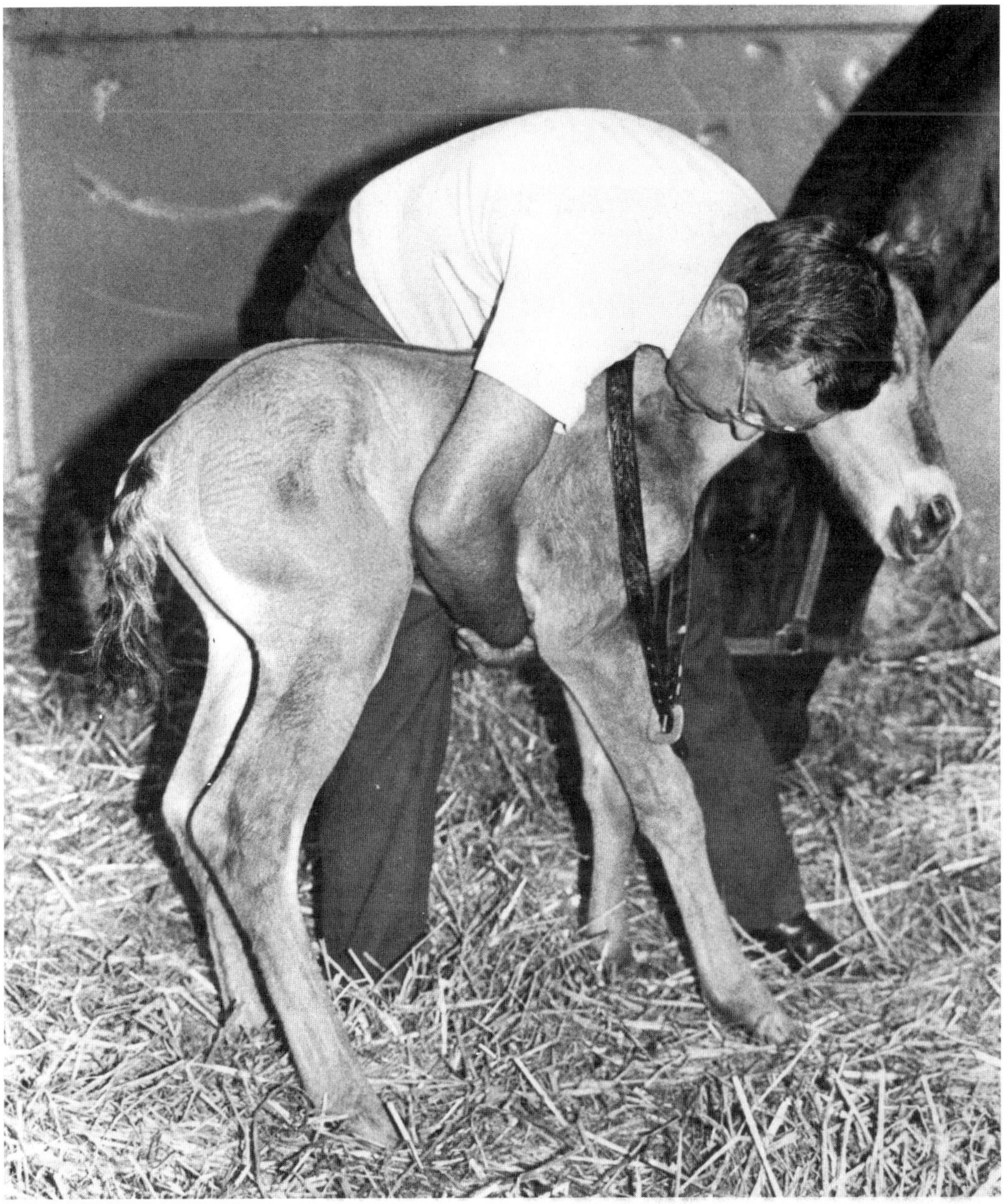

Einige Desensibilisie-
rungs-Maßnahmen
sind einfacher durch-
zuführen, wenn das
Fohlen steht.

Drücken Sie mit der flachen Hand gerade
stark genug auf die Sattellage des Fohlens, daß
es das Gewicht spürt.

Wiederholen sie diesen Druck rhythmisch, bis
die Gewöhnung einsetzt. Dann umfassen sie die
Gurtgegend mit beiden Armen und drücken das
Fohlen mit den unter seiner Brust gefalteten
Händen mindestens 50 mal. Das wird das Fohlen
an den Sattel- und Gurtdruck gewöhnen; dieser
ist der Hauptgrund für das Buckeln, wenn Pferde zum ersten Mal gesattelt werden. Diese Maßnahmen können nicht richtig durchgeführt werden, wenn das Fohlen liegt.

Ich wiederhole dann das Drücken mit beiden
Armen in Gegend der Flanke des Fohlens, kurz
vor der Hinterhand.

Jetzt nehmen Sie einen Huf auf und klopfen
auf die Sohle. Dies sollte kein Problem darstellen, wenn die erste Desensibilisierung richtig

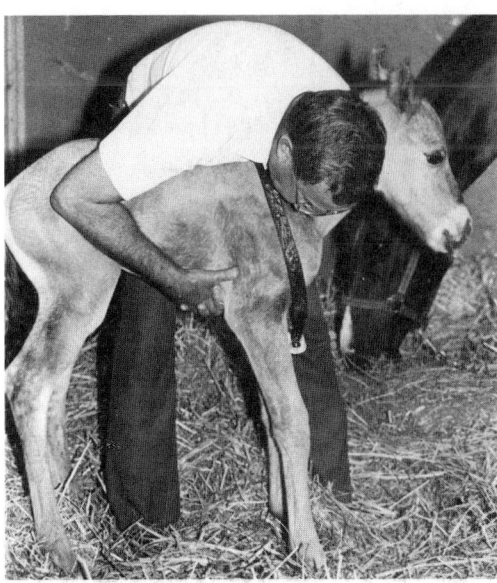

*Diese beiden Fotos zeigen,
wie ich den Gurtbereich
gegen Druck desensibili-
siere. Ich drücke diese
Gegend und mache ca. 50
rhythmische Wieder-
holungen.*

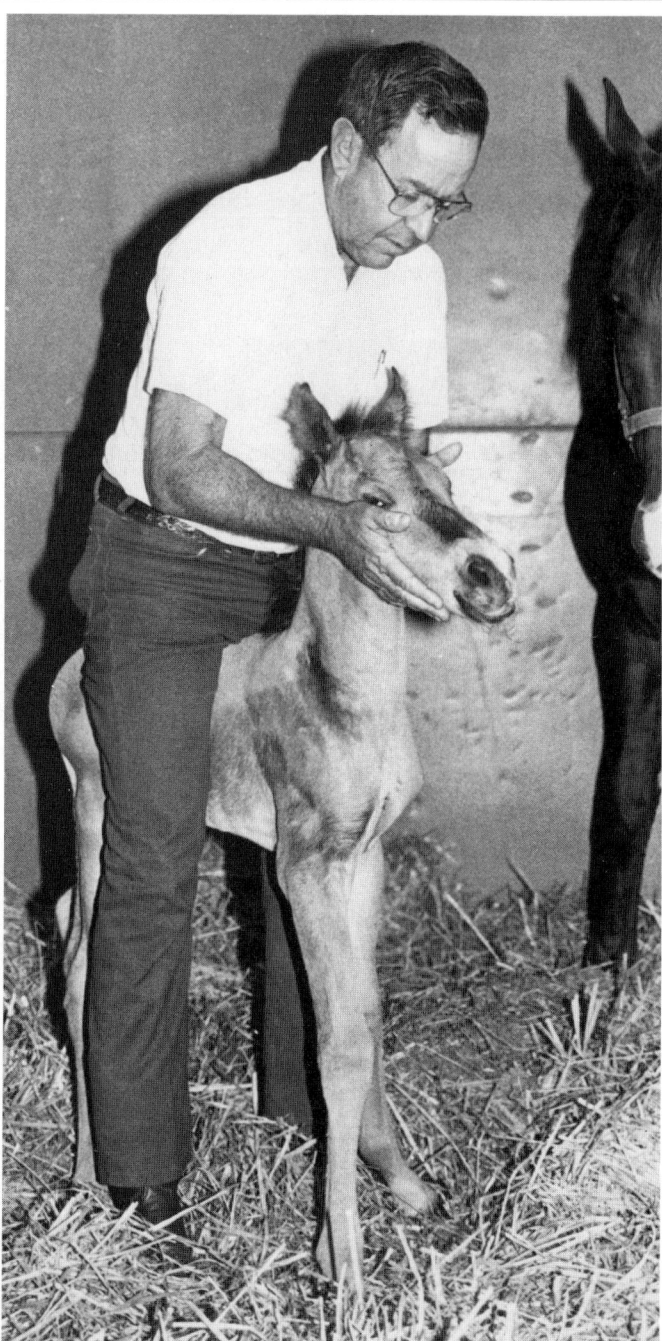

Ich imitiere die Position des Reiters. Es wird sich daran erinnern, wenn sich das erste Mal ein Reiter auf seinen Rücken setzt. Diese Übung sollte nur gemacht werden, wenn der Trainer groß genug ist, um den Fohlenrücken nicht mit seinem Gewicht zu belasten.

Ich streichle das Gesicht des Fohlens, um es weiter zu desensibilisieren, während ich über seinem Rücken stehe.

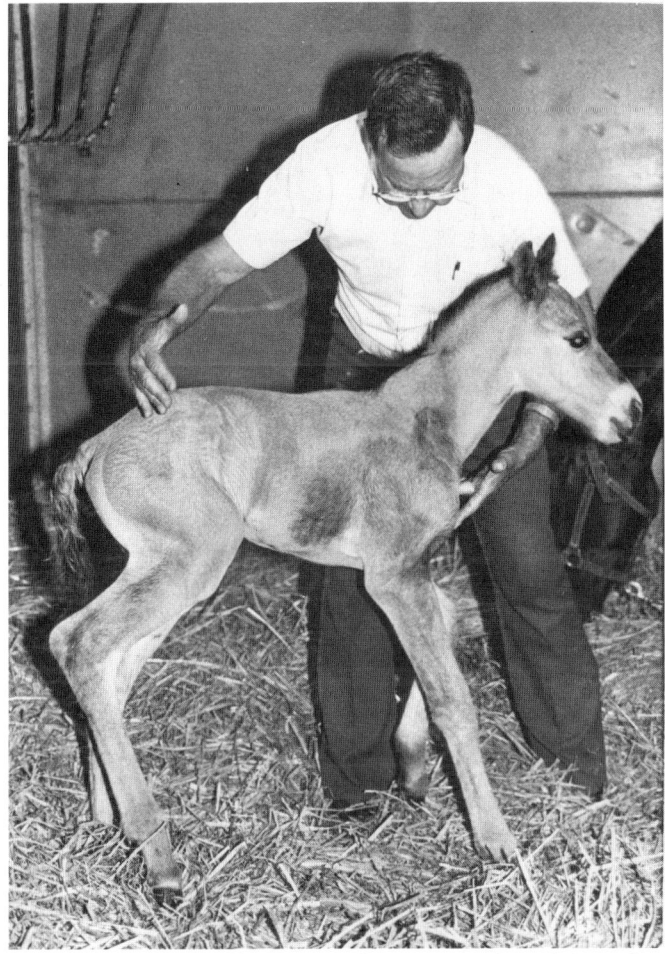

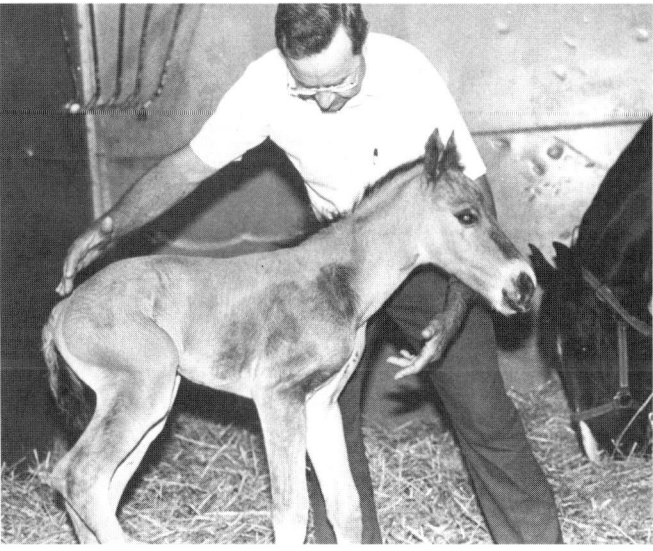

Sobald es einen Schritt rückwärts macht, nehme ich meine Hand von seiner Brust. Es brauchte nur drei Wiederholungen, um zu lernen, dem Druck auf der Brust zu weichen.

Fohlen sollten Druck gegenüber sowohl desensibilisiert, als auch sensibilisiert werden.

Ich sensibilisiere das Fohlen zum Rückwärtstreten als Reaktion auf Druck gegen die Brust.

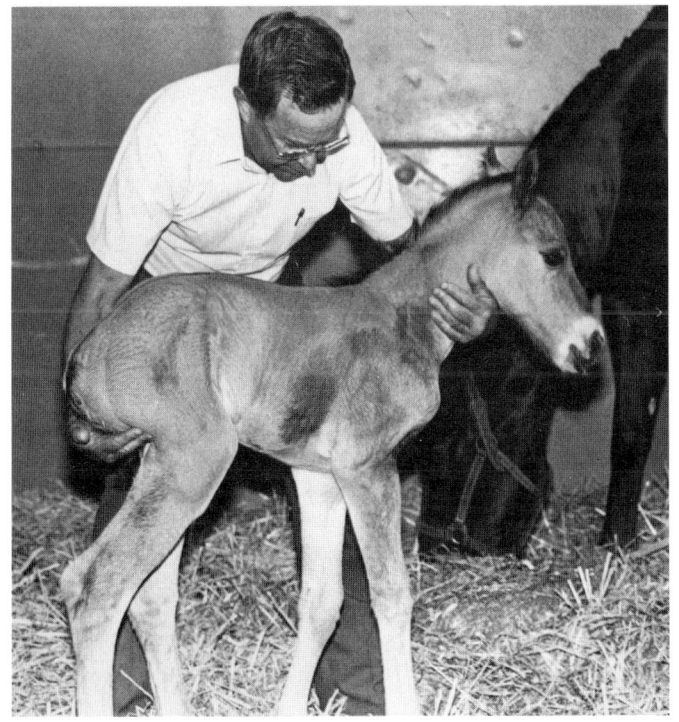

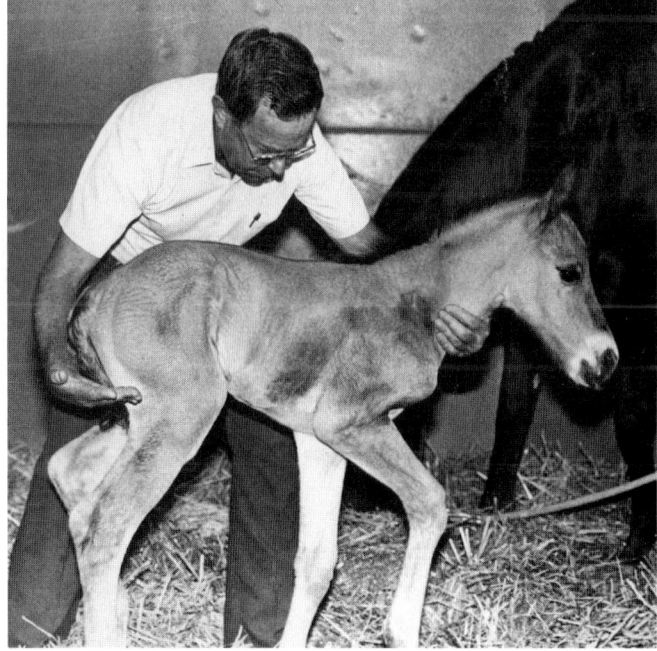

Drei Wiederholungen waren ausreichend.

Das Fohlen muß lernen, bei Druck gegen die Hinterhand vorwärtszutreten.

Jetzt muß es lernen, seine Hinterhand als Reaktion auf Druck auf die Flanke zu mir zu bewegen.

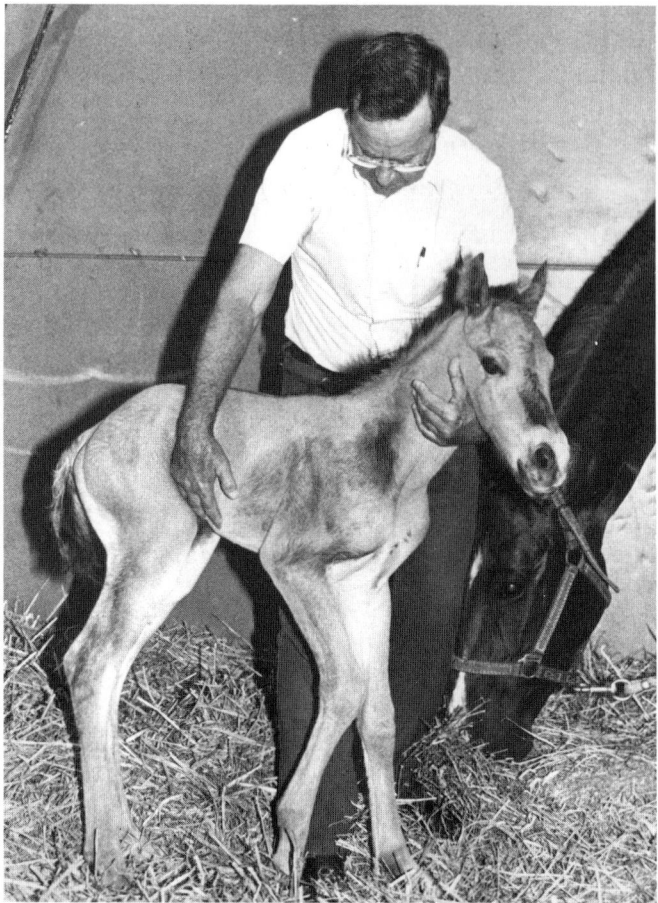

Nach drei Versuchen hat es dies wieder gelernt. Ich wiederhole das einige Male, um die Reaktion zu festigen.

Das Sensibilisieren von Kopf und Hals. Auf Druck von der Seite bewegt sich die Vorhand zu mir hin. Ich fordere nur einen Schritt, und es lernt die gewünschte Reaktion nach drei Wiederholungen. Meine Hüfte hält die Hinterhand auf der Stelle.

Die Vorhand geht nach rechts, während die Hinterhand stationär bleibt.

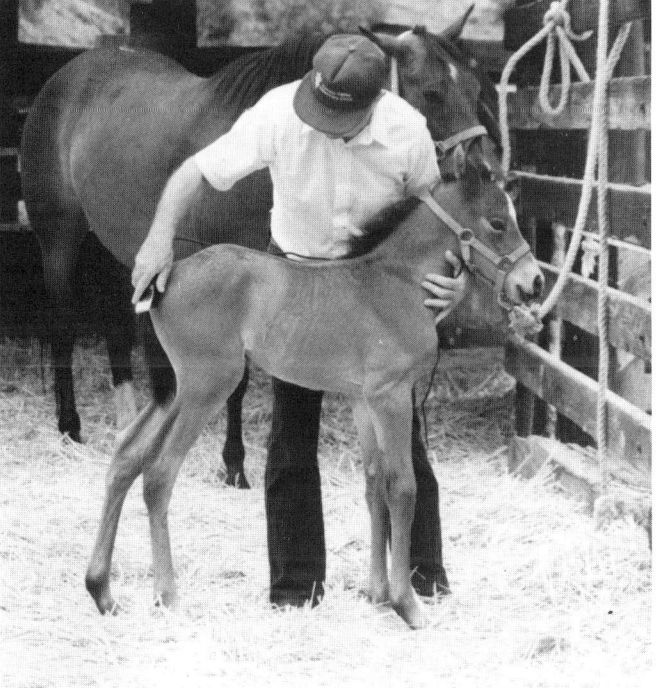

Hier sind vier Bilder die zeigen, wie man ein Fohlen gegenüber der elektrischen Schermaschine desensibilisiert. Es wäre ideal, wenn diese Maßnahme in der ersten Stunde nach der Geburt erfolgt, aber dort, wo dieses Quarter Horse/Vollblut- Fohlen geboren wurde, gab es keine Elektrizität, also mußten wir bis zum nächsten Tag warten, als das Stutfohlen 26 Stunden alt war.

Da das Stutfohlen nach der Geburt prägetrainiert wurde, verlief auch die Gewöhnung an die Schermaschine problemlos.

Natürlich schere ich das Fohlen nicht wirklich; ich gewöhne es nur an das Geräusch und die Vibration des Geräts.

Ich gehe mit der Schermaschine sogar die Beine auf und ab.

Aufzuhören während das Fohlen Widerstand leistet, lehrt es, dies auch in Zukunft zu tun.

Dieses Araberhengstfohlen im Besitz von Ventura Farms in Kalifornien hatte eine Stunde Prägungstraining nach der Geburt. Es war 36 Stunden alt, als ich die zweite Lektion startete und ihm ein gut passendes Halfter anlegte. Weil es noch nicht halfterführig ist, und weil ich es nicht in Panik versetzen möchte, mache ich einen „kleinen Zaun" mit meinen Armen, um es zu umgrenzen.

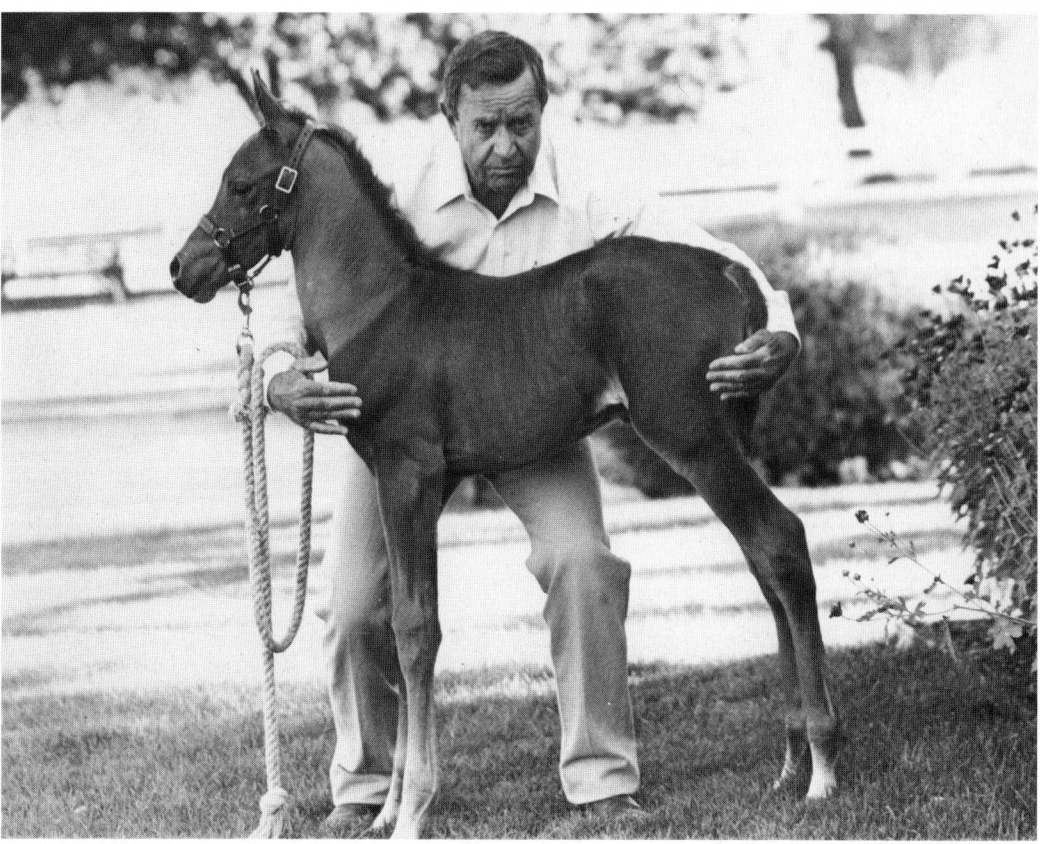

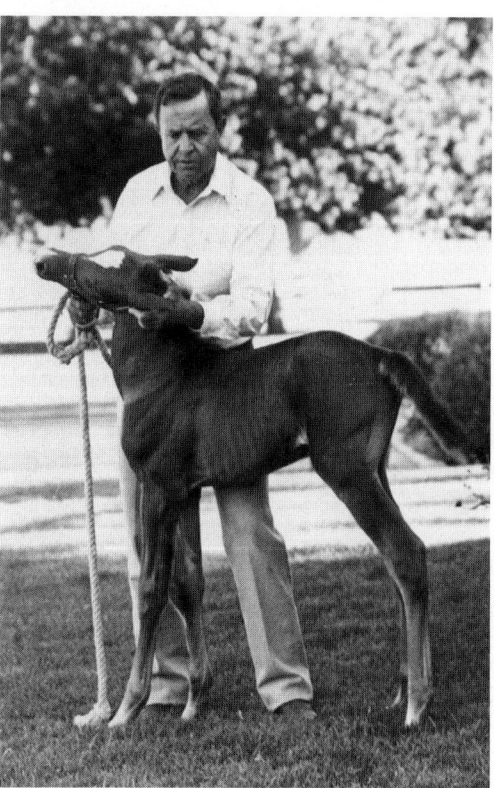

Ich überprüfe die Desensibilisierung am linken Ohr...

durchgeführt wurde. Das Fohlen sollte das Bein entspannt hergeben und ein Klopfen oder Reiben des Hufs ignorieren.

Wenn wir dem Fohlen während dieser zweiten Lektion ein gut passendes Halfter anlegen, wird es bei zukünftigen Lektionen dadurch nicht mehr gestört sein. Nachdem ich viele Fohlen gesehen habe, die verkrüppelt oder getötet wurden, weil sie sich an ihren Halftern erhängt haben, lasse ich allerdings nie ein Halfter auf einem unbeaufsichtigten Fohlen. Fohlen, die prägetrainiert wurden, lassen sich leicht einfangen, also gibt es keinen Grund, ihr Halfter drauf zu lassen.

Jetzt ist ein guter Zeitpunkt, um einen Plastikhandschuh anzuziehen, den Zeigefinger in Vaseline oder ein Gel zu tauchen und dem Fohlen den Finger vorsichtig in den Anus zu schieben. Bewegen sie den Finger hin und her, so wird das Fohlen bald gegen diesen Reiz desensibilisiert sein. Es wird für den Rest seines Lebens viel einfacher sein, seine Temperatur zu messen, und falls eine Rektaluntersuchung je notwendig sein wird, wird auch diese leichter durchzuführen sein. Dieses Fohlen wird sich auch nicht aufregen, wenn ein Seil sich unter seinem Schweif verfängt oder ein Schweifriemen um seine Schweifrübe gelegt wird.

Denken sie wieder daran, wie bei allen Gewöhnungsprozessen, daß der Reiz bis über den Punkt der Akzeptanz hinaus ausgeübt werden muß. Nimmt man den Reiz weg, während das Fohlen Widerstand leistet, wird es gelehrt, auch zukünftig Widerstand zu leisten.

...und am rechten Ohr.

Ich teste die Nüstern auf Desensibilisierung,...

...das Maul und die Zunge,...

...die Sattellage,...

...den Gurtbereich,...

...das Perineum und den Schweif...

...und die linke Vorhand.

Ich klopfe auf die Hufsohle, um das Beschlagen zu simulieren.

Das Hengstfohlen ist völlig entspannt und läßt mich seinen Huf mit den Fingerspitzen halten.

Ich versuche, ob er mich auch den hinteren Huf halten läßt.

Ich versuche das gleiche mit einem Seil um den Fesselkopf. Es funktioniert mühelos!

9

DIE DRITTE LEKTION

Fotos von Debby Miller

Die dritte Lektion dient in erster Linie der Sensibilisierung des Fohlens, nicht der Desensibilisierung.

Bisher haben wir ungefähr eineinhalb Stunden mit dem Training des Fohlens verbracht, und unsere Bemühungen galten hauptsächlich der Desensibilisierung gegenüber angsteinflößenden Reizen. Durch den Zeitpunkt dieses Trainings haben wir den Vorteil der frühen Prägephase genutzt. Das Fohlen wird so mehr an uns gebunden sein und uns als dominant ihm gegenüber anerkennen. Wir haben eine Beziehung von Vertrauen und Respekt und ohne Angst begonnen.

In der dritten Lektion werden wir das Fohlen vor allem sensibilisieren, nicht desensibili-

sieren. Trotzdem werden wir kurz einige der vorhergegangenen Desensibilisierungsmaßnahmen verstärken.

Es wird Zeit für die dritte Lektion, sobald das Fohlen sicher auf den Beinen ist und seine Bewegungen gut koordinieren kann. In manchen Fällen kann das schon im Alter von zwölf Stunden sein. In anderen Fällen kann es 36 Stunden dauern, und bei manchen ziemlich schwachen Fohlen sogar länger. Durchschnittlich sind die meisten Fohlen mit 24 Stunden kräftig genug. Allgemein kann man sagen, daß Pferde- und Maultierfohlen von kräftigen, ath-

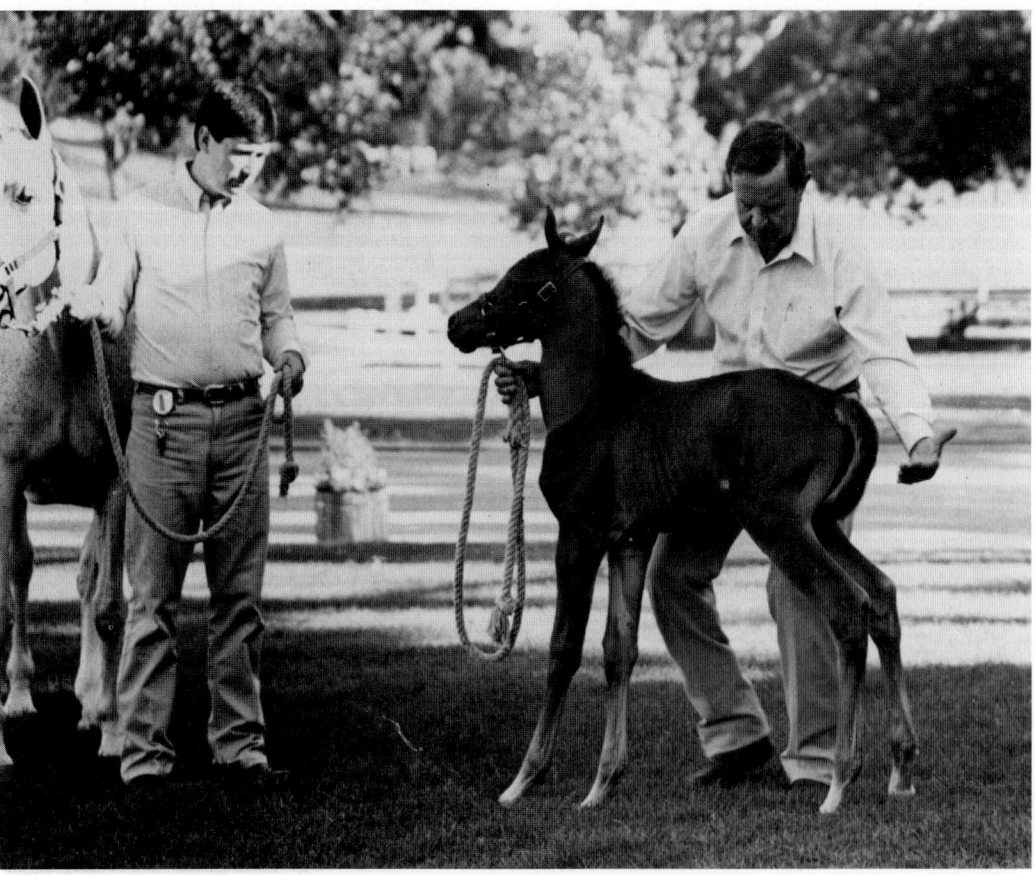

Im vorigen Kapitel arbeitete ich an der Desensibilisierung des Fohlens. Jetzt beginne ich mit der Sensibilisierung, und hier fordere ich das Fohlen zu einem Schritt vorwärts auf, als Reaktion auf den Druck gegen seine Hinterhand. Sobald es einen Schritt vorwärts ging, ließ ich den Druck aufhören.

74

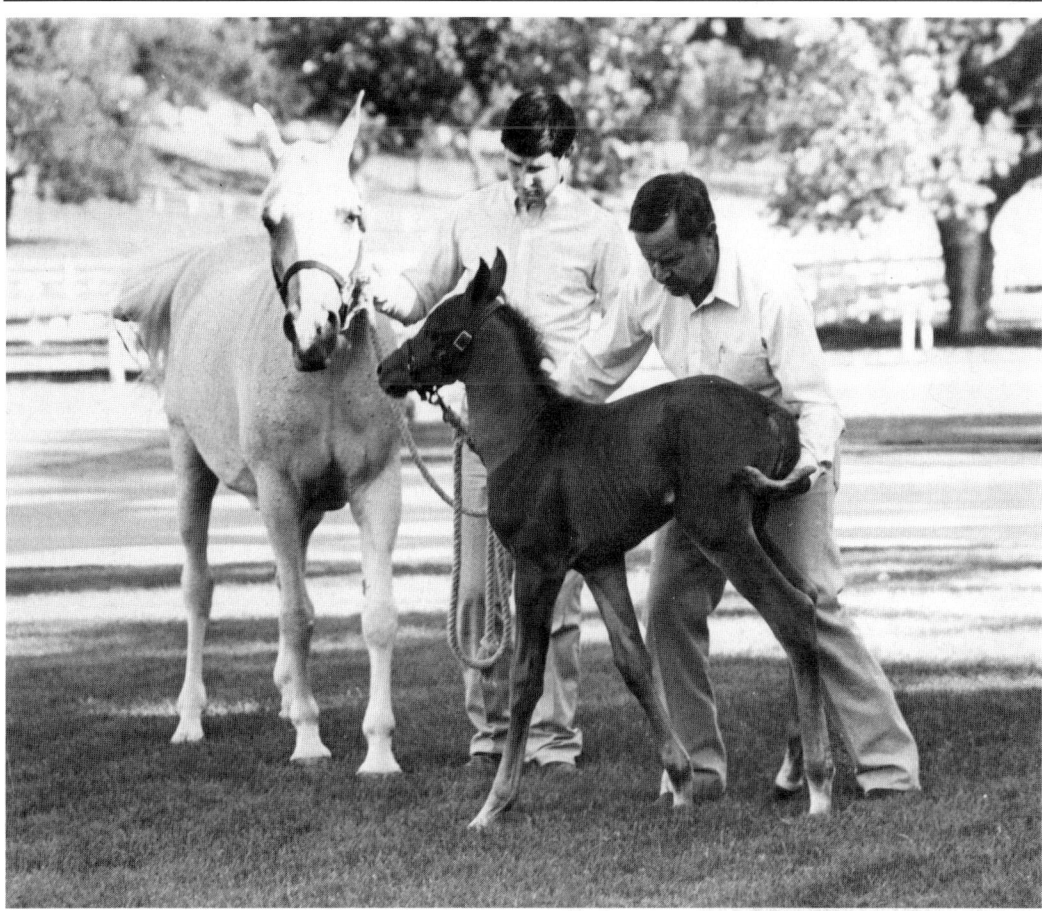

letischen Stuten mit gutem Muskeltonus in weniger als 24 Stunden für die dritte Lektion bereit sind. Dagegen sind Fohlen von schlaffen, fetten Stuten, die in der Trächtigkeit wenig Bewegung hatten, zu schwach und unbeholfen, um mit ihnen zu arbeiten, bevor sie mindestens einen Tag alt sind. Fohlen, bei denen der Fesselkopf fast den Boden berührt, oder Fohlen mit extrem steilen Fesseln oder auch Fohlen mit Stellungsfehlern wie X- oder O-Beinen sind wahrscheinlich zu unkoordiniert, um diese Trainingsphase zu beginnen.

Ich persönlich gehe diese Maßnahmen gerne alleine durch, obwohl es angenehm ist, wenn man einen Helfer hat, der die Stute hält. Aber auch hier ist ein Team von drei Leuten wieder hilfreich, wo sich einer um die Stute kümmert und zwei sich mit dem Fohlen beschäftigen. Bei Anfängern kann eine extra Person bei einigen der Maßnahmen Hilfe leisten, so daß keine Probleme entstehen.

Es ist eine gute Idee, zu Beginn alle vorhergegangenen Schritte der Desensibilisierung noch einmal zu wiederholen: den Kopf, Körper und Beine des Fohlens reiben, jeden Huf hochheben, auf die Hufsohlen klopfen und mit dem Finger in die verschiedenen Körperöffnungen gehen. So stellen wir fest, wenn irgendein Körperteil noch nicht ausreichend desensibilisiert ist, und verstärken die Gewöhnung bei den Reizen, wo die Desensibilisierung bereits statt-

Nun lehre ich es rückwärts zu gehen und damit dem Druck auf seine Brust zu weichen. Es machte einen Schritt.

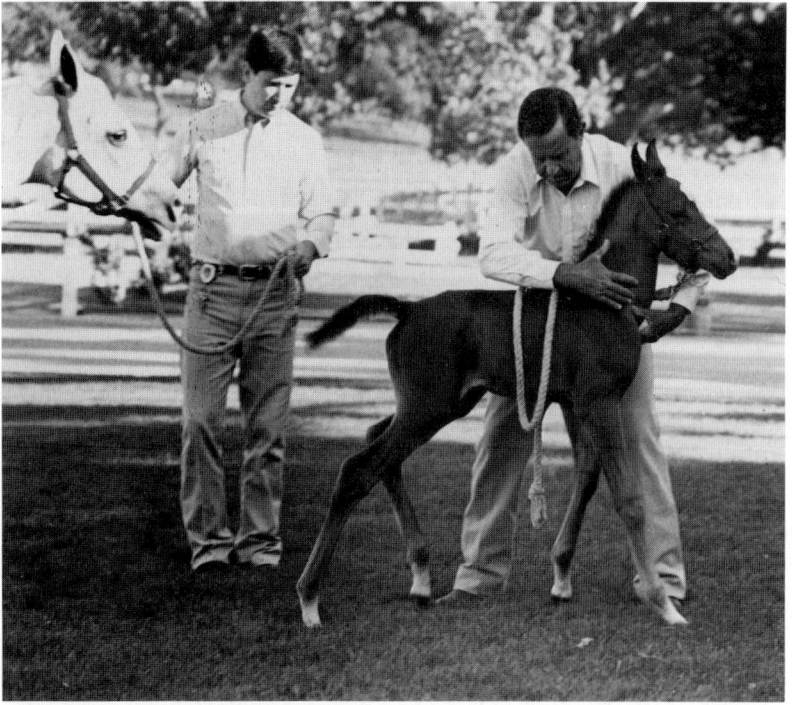

Er lernte das Rückwärtsgehen nach nur drei Versuchen.

Das Rückwärtstreten wird wiederholt.
Eine kurze Warnung: Halten sie ihren Kopf nicht direkt über dem Kopf des Fohlens.
Wenn es mit dem Kopf schlägt, kann es ihr Kinn treffen.

gefunden hat. All das kann innerhalb von ein paar Minuten geschehen.

Jetzt können wir beginnen, das Fohlen zu sensibilisieren, wobei Halfterführigkeit und andere Manöver eingeschlossen sind. Richtiges Halftertraining ist, unabhängig vom Alter, die Basis für alles zukünftige Training. Es ist der Grundstock und das wichtigste Training überhaupt. Die meisten Pferde sind halfterführig, aber nicht alle wirklich korrekt trainiert.

Ein Pferd, welches richtig halftertrainiert ist, wird nicht ziehen, wenn es am Strick angebunden ist. Es glaubt, daß es unmöglich ist, zu entkommen, wenn es angebunden ist. Deshalb wird es gar nicht versuchen, zu entkommen. Weil es überzeugt ist, daß Flucht unmöglich ist, wird man allein mit dem Anlegen des Halfters sofort eine ergebene Haltung erreichen.

Ein gut halfterführiges Pferd wird gehorsam und ergeben folgen, wenn es geführt wird. Es glaubt, daß Flucht nicht möglich ist, und kann darum auch mit einem Stück Bindfaden geführt werden. Natürlich kann ein ernsthafter Schreck trotzdem jedes Pferd zum Ausbrechen veranlassen.

Nun bringe ich ihm bei, seine Hinterhand auf seitlichen Druck hin in meine Richtung zu bewegen. Ich hindere die Vorhand daran, sich zu bewegen. Es biegt seinen Körper um mein rechtes Bein, wie es dies später als Reaktion auf die Schenkelhilfen des Reiters tun wird.

Es reagiert auf meine Aufforderung. Ich verlange immer nur einen Schritt.

Rückwärts- und Vorwärtstreten

Während Sie auf einer Seite des Fohlens stehen, üben sie mit den Fingerspitzen Druck auf den Halsansatz über der Brust aus. Das Fohlen wird irgendwann entweder rückwärts treten oder sich zumindest zurück lehnen. Belohnen sie diesen Schritt, indem sie den Druck sofort wegnehmen.
Wenn diese Übung richtig ausgeführt wird, dann wird das Fohlen nach ungefähr einer Minute als Reaktion auf diesen Druck rückwärtstreten.

Jetzt wiederholen sie diese Übung, nur wird dieses Mal der Druck gegen die Hinterhand, unterhalb des Schweifs, ausgeübt. Das Fohlen wird dann bald vorwärts treten, wenn es einen leichten Druck von hinten verspürt. Früher oder später können wir dazu übergehen, den Druck von hinten durch ein um die Hinterhand laufendes Seil auszuüben und es zum Vorwärtsgehen zu ermuntern, wenn es am Halfter geführt wird.

Vergrößern sie langsam einen kleinen Kreis. Jetzt läßt sich das Fohlen führen. Sollte es zögern, wird das Seil um die Hinterhand es zum Vorwärtstreten auffordern, vorausgesetzt, das Fohlen wurde zuvor durch Druck durch die Hand darauf vorbereitet.

Jetzt kommt die andere Seite an die Reihe.

Hier sehen Sie die gewünschte Reaktion bei dem Fohlen.

Ich wiederhole mein Signal mehrere Male, um die Reaktion zu festigen.

Im nächsten Schritt biege ich durch sanften Druck mit meiner Hand Kopf und Hals auf die linke Seite. Das kann als Vorbereitung auf das Halfterführen genutzt werden.

Seitwärtstreten mit der Hinterhand

Unser nächstes Ziel ist, die Bauchseite des Fohlens an der Stelle zu sensibilisieren, wo der Kontakt mit der Ferse des Reiters sein wird. Stellen Sie sich seitlich neben das Fohlen und halten mit einem Arm den Hals fest, damit das Fohlen stehen bleibt (s. Fotos).

Dann greifen Sie mit dem anderen Arm über den Rücken des Fohlens und drücken ihm die Fingerspitzen in die Flanken. Behalten Sie den Druck bei, bis das Fohlen sich auf Sie zu bewegt. In dem Moment, wo es das tut, gehen Sie ein Stück zurück, um seine Bewegung nicht zu behindern. Gleichzeitig nehmen Sie sofort die Hand von seiner Flanke weg. Pause. Wiederholen Sie die Übung. Innerhalb von ein paar Minuten wird das Fohlen konditioniert sein, auf seitlichen Druck hin die Hinterhand zu bewegen. Fordern Sie in dieser Phase nicht mehr als den einen Schritt. Wiederholen Sie die Prozedur von der anderen Seite. Jetzt sollte das Fohlen gelernt haben, mit der Hinterhand dem Druck zu weichen, während die Vorhand auf der gleichen Stelle bleibt.

Ich muß kurz erklären, daß ich anfangs den Druck auf die Flanke ausübe – also weiter hinten, als die Ferse des Reiters einwirken wird –, und zwar weil ich so eine stärkere Einwirkung habe. Später verschiebe ich den Druck langsam und Stück für Stück nach vorne und mache so

Ich wiederhole diese Bewegung mehrere Male.

Unterbrechen sie die Lektion immer, wenn das Fohlen Anzeichen von Müdigkeit zeigt.

den Übergang zu der Stelle, wo die Ferse des Reiters einwirken wird.

Während der folgenden Lektionen, in der diese Reaktion verstärkt wird, kann man beginnen, zwei Seitwärtsschritte zu fordern, indem die Pause zwischen den einzelnen Signalen immer kürzer wird. Noch später können dann drei und vier einzelne Schritte in die gleiche Richtung verlangt werden. Nach einiger Zeit wird ihr Fohlen eine komplette Vorhandwendung machen und mit der Hinterhand um die Vorhand um 360° rotieren, wenn der Druck beibehalten wird. Nur die Halfterführigkeit eines Pferdes ist noch wichtiger als das Weichen mit der Hinterhand. Zu oft können Pferdetrainer die Hinterhand eines Pferdes nicht vollkommen unter Kontrolle bekommen, und hier haben wir das bereits beim Fohlen erreicht.

Wenn das Fohlen wächst, wird es immer schwieriger, über seinen Rücken zu greifen, um Druck auszuüben, besonders, wenn das Fohlen groß gewachsen und der Trainer klein ist.

Das macht nichts. Durch das Greifen über den Rücken des Fohlens haben wir das Bein des Reiters simuliert, mit unseren Fingerspitzen als Fersen und/oder Sporen. Wenn das Fohlen einmal konditioniert ist, auf unser Signal automatisch mit der Hinterhand zu weichen, brauchen wir nicht mehr über den Rücken zu grei-

Ich biege seinen Kopf und Hals nach rechts.

fen. Die Berührung von derselben Seite, auf der wir stehen, wird den gleichen Erfolg haben. Das Fohlen wird dem Druck weichen.

Zusätzlich zu der besseren Manövrierbarkeit hat die Kontrolle über die Hinterhand zu diesem frühen Zeitpunkt noch einen weiteren Vorteil. Um schnell vor einer Gefahr wegzurennen (Flucht), muß das Pferd die Hinterhand unter sich und in einer Linie mit der Wirbelsäule halten, genau wie ein Sprinter in seinem Startblock. Die seitliche Verschiebung der Hinterhand behindert die Flucht. So haben wir nochmals eine Technik, die die Flucht behindert, und somit Untergebenheit beim Pferd entstehen läßt. Wenn die Hinterhand seitlich weicht, ist es schwer für ein Pferd, loszustürmen, zu steigen oder zu buckeln.

Deshalb verschafft die Kontrolle über die Hinterhand dem Trainer, ob am Boden oder im Sattel, Kontrolle über das ganze Pferd. Die Vorwärtsbewegung kommt von hinten; die Hinterbeine mit ihrer kräftigen Muskulatur treiben das Pferd nach vorne. Eine Aufwärtsbewegung, wie sie beim Buckeln, Steigen oder Springen vorkommt, ist einfach ein Vorwärtstrieb, der nach oben ausgerichtet ist. Die Vorhand des Pferdes hat die Kontrolle über die Richtung des Antriebs.

Es funktioniert ähnlich wie bei einem Motorrad. Das Vorderrad wird in die Richtung gedreht, in die das Motorrad fahren soll.

Das Hinterrad ist unbeweglich, aber es ist die Energiequelle. Wenn das Hinterrad aber, statt vorwärts zu fahren, mit durchdrehendem Reifen zur Seite rutscht, dann wird das Motorrad um die Vorderachse rotieren.

Das kann man vergleichen mit der Reaktion, die wir bekommen, wenn wir durch Schenkeldruck das hintere Ende eines Pferdes in der Bewegung seitlich verschieben. So dienen uns die Zügel in unseren Händen als „Lenker", analog zum Motorrad, während die Hinterhand, durch unsere Beine unter Kontrolle gehalten, das hintere Antriebsrad darstellt.

Sowohl Vorhand als auch Hinterhand können bei einem ein- oder zwei Tage alten Fohlen zu einer Reaktion auf unsere Signale konditioniert werden; diese Reaktionen bleiben erhalten und werden verbessert, wenn wir gelegentlich das Training wiederholen und sie verstärken.

Das Führen am Halfter

Man kann Pferde in jedem Alter richtig an das Halfter gewöhnen, aber in diesem Buch möchte ich mich auf das neugeborene Fohlen beschränken. Vergewissern Sie sich, daß das Halfter gut paßt und weder zu groß noch zu klein ist. Es sollte aus solidem Material bestehen. Das Fohlen soll so stehen, daß es mit dem Kopf in die gleiche Richtung wie die Stute schaut. Stellen Sie sich zwischen Stute und Fohlen an die Seite des Fohlens. Ziehen Sie das Fohlen mit einer Hand am Backenstück des Fohlenhalfters zur Stute hin. Wenn der Kopf auf die Seite gezogen wird, muß das Fohlen früher oder später das gleichseitige Vorderbein in Richtung Stute bewegen, um das Gleichgewicht zu halten. In dem Moment, wo es das Bein bewegt, egal wie viel oder wenig, lassen Sie sofort den Druck am Halfter nach, um den Kopf in seine normale Position zurückkehren zu lassen; halten Sie das Halfter trotzdem weiter fest. Warten Sie dann eine Minute und wiederholen Sie die Prozedur.

Wenn die Belohnung (Nachlassen des Drucks) schnell genug erfolgt – und das hängt von Ihrer Beobachtung und Reaktion ab –, dann wird das Fohlen nach ein paar Mal einen Schritt in die Richtung machen, in die sein Kopf gezogen wird. Es lernt bereits, der Richtung zu folgen, in die sein Halfter es führt. Fordern Sie immer nur einen Schritt. Sogar ein halber Schritt sollte sofort belohnt werden.

Stellen Sie sich auf die andere Seite des Fohlens, und wiederholen Sie die gleiche Übung. Das Fohlen wird bald zur Seite treten, wenn es vom Halfter in diese Richtung gezogen wird. Übereilen Sie nichts. Mit etwas Erfahrung kann man einem Fohlen in wenigen Minuten beibringen, dem Halfter zu folgen, aber es gibt keinen Grund zur Eile.

Immer wenn das Fohlen Anzeichen von Müdigkeit zeigt, bei dieser oder einer der folgenden Lektionen, stoppen Sie das Training. Man kann damit weitermachen, nachdem das Fohlen gesäugt und sich ausgeruht hat.

Wenn das Fohlen gelernt hat, prompt mit einem Schritt auf das Halfter zu reagieren, fordern Sie nach einer kurzen Pause einen weiteren Schritt in dieselbe Richtung. Seien Sie auch mit der kleinsten Reaktion zufrieden, und belohnen Sie jede Bemühung mit einer kurzen Ruhepause und ein paar Streicheleinheiten. Bald wird das Fohlen um die Hinterhand rotieren, indem es dem Halfter durch eine Seitwärtsbewegung mit der Vorhand in einem kleinen Kreis folgt. Später kann man den Kreis vergrößern, und das Fohlen läßt sich jetzt führen, allerdings noch nicht auf einer geraden Linie.

Der kleine Hengst hat gelernt, dem Druck am Kopf nachzugeben. Ich ziehe langsam seinen Kopf zur Seite, bis er sein rechtes Bein auf mich zu bewegt.

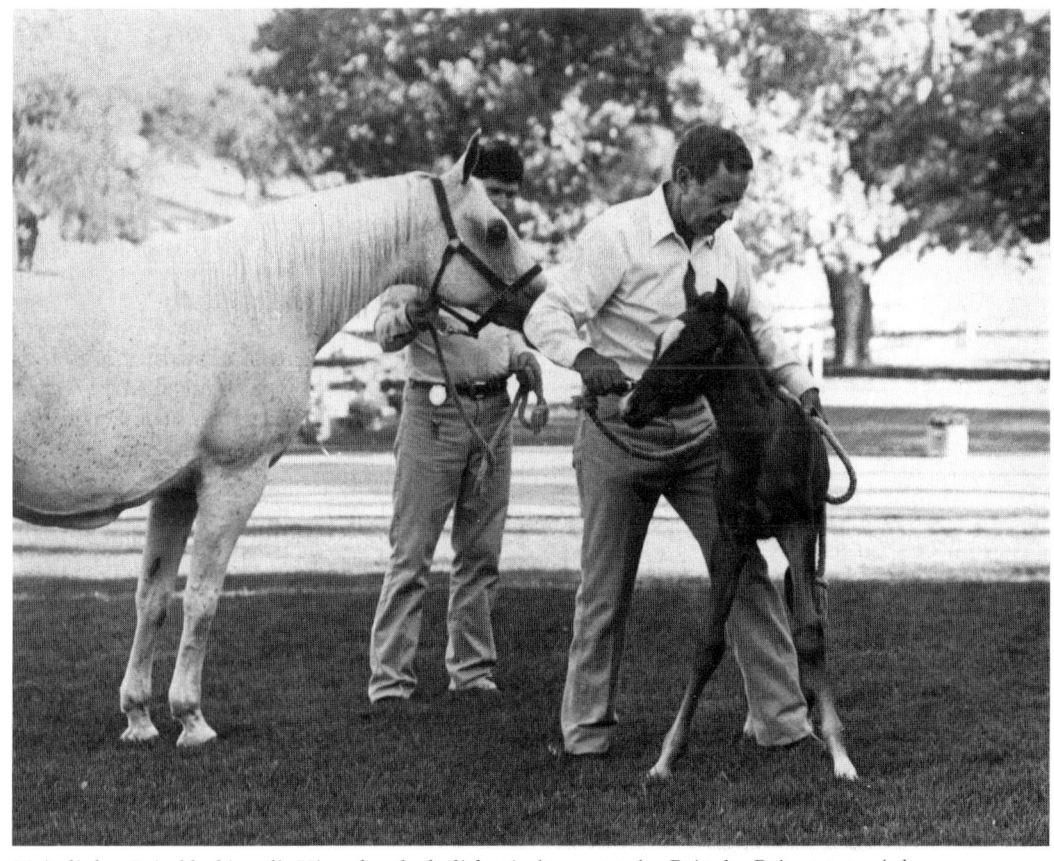

Mein linkes Bein blockiert die Hinterhand, ähnlich wie das später das Bein des Reiters tun wird.

Innerhalb von fünf Minuten kann das Fohlen in einem kleinen Kreis geführt werden, wobei es fast auf der Hinterhand rotiert. Der kleine Hengst regt sich niemals auf oder gerät in Panik; er bleibt ruhig, weil er das grundlegende Training genossen hat.

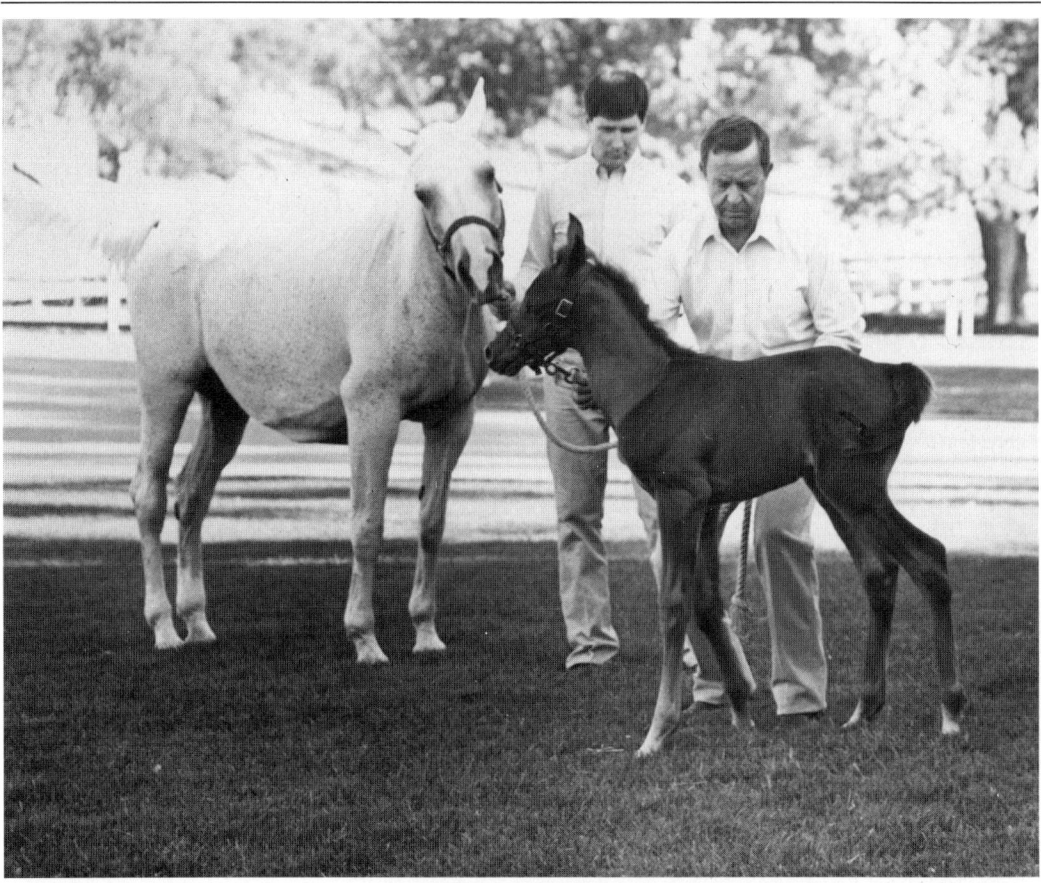

Ich wiederhole dieselbe Prozedur auf der anderen Seite.

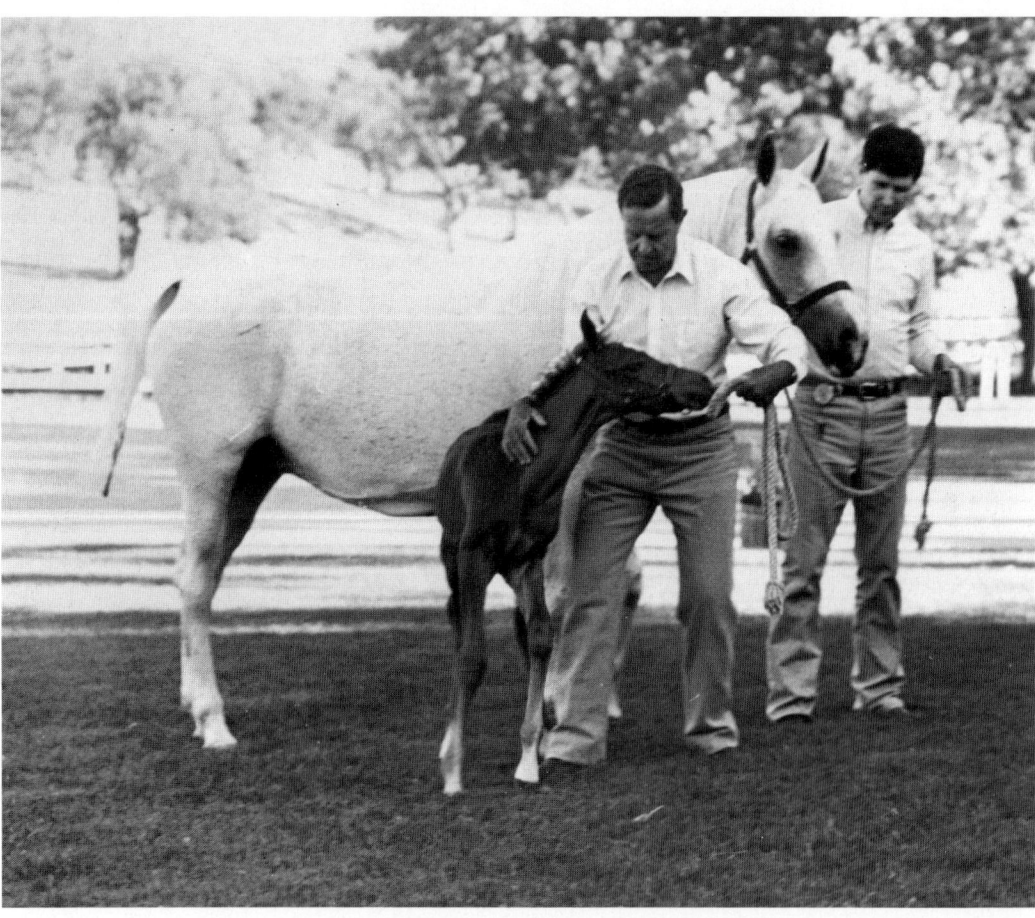

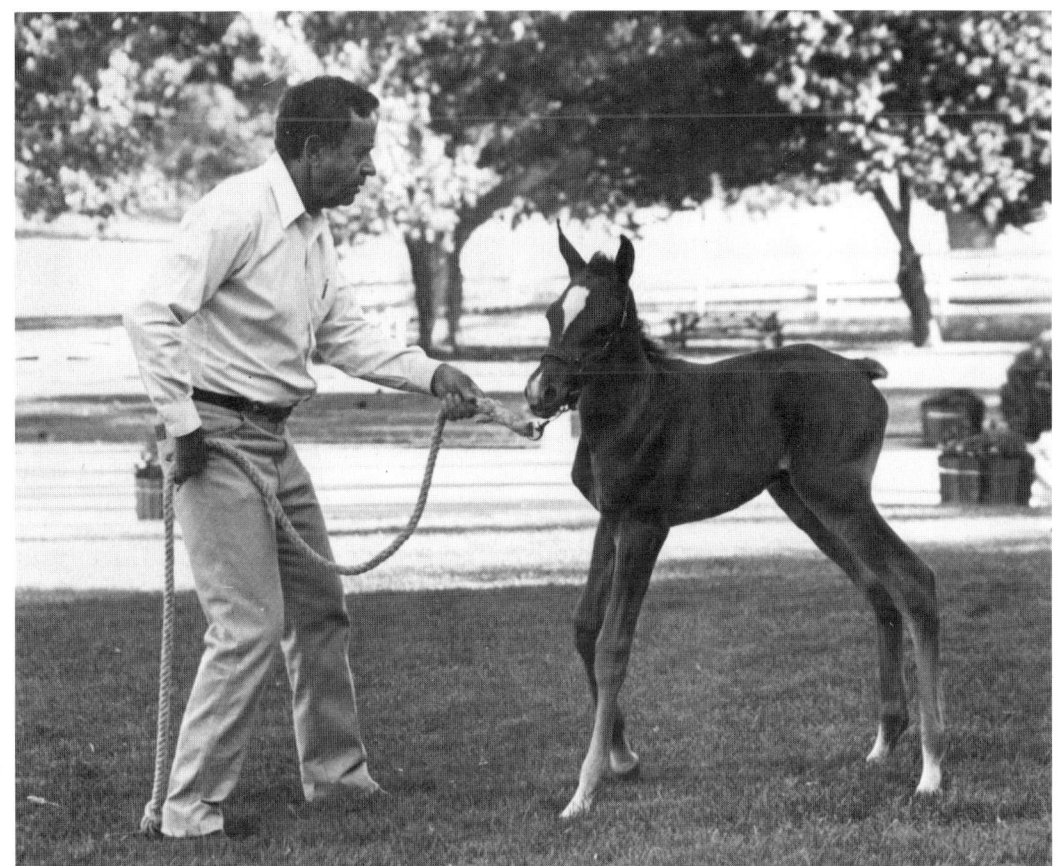

Ich vergrößere den Kreis, indem ich mich weiter von der Stute weg bewege.

Nun lehre ich die Grundbegriffe für das Angebundensein. Ich bleibe ganz ruhig stehen und ziehe ihn allmählich und sanft zu mir hin. Oft springt ein Fohlen plötzlich vorwärts, seien Sie also bereit, schnell auszuweichen.

Es ist sehr wichtig, daß man hier den Hals des Fohlens nicht überdehnt, denn das würde eine Verletzungsgefahr bedeuten.

Ich lasse ihn für eine Minute entspannen und dann noch einmal zu mir kommen.

Er reagiert sehr brav.

Jetzt lege ich ein Seil (Butt Rope) um seine Hinterhand. Er ist ja bereits darauf konditioniert, auf Druck von hinten vorwärtszutreten.

Ich lasse ihn der Stute folgen, und so lernt er schnell, am Führstrick zu gehen.

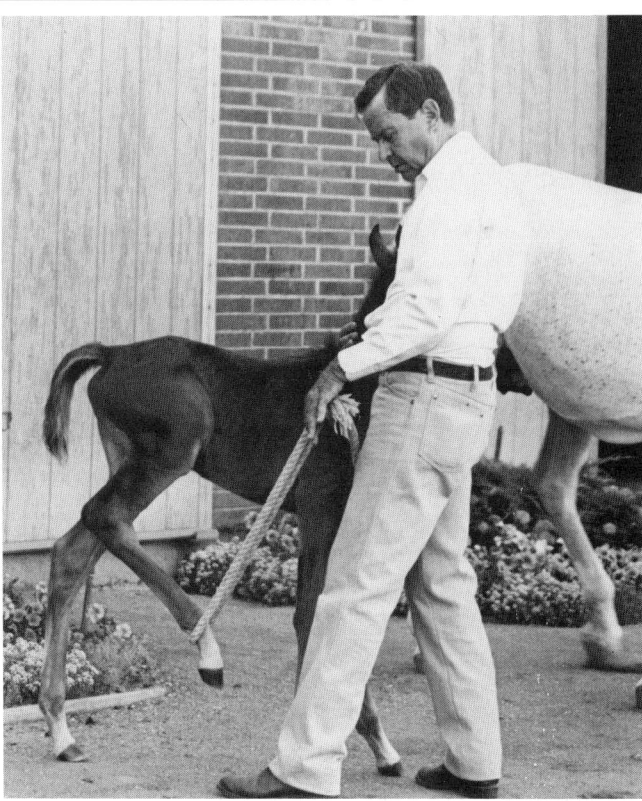

Als nächstes verbringe ich ein paar Minuten damit, einige der Reaktionen aus der ersten Lektion zu festigen. Er läßt mich ohne Probleme sein Hinterbein aufnehmen.

Er hat nichts dagegen, daß ich seinen Fuß mit dem Seil aufhalte.

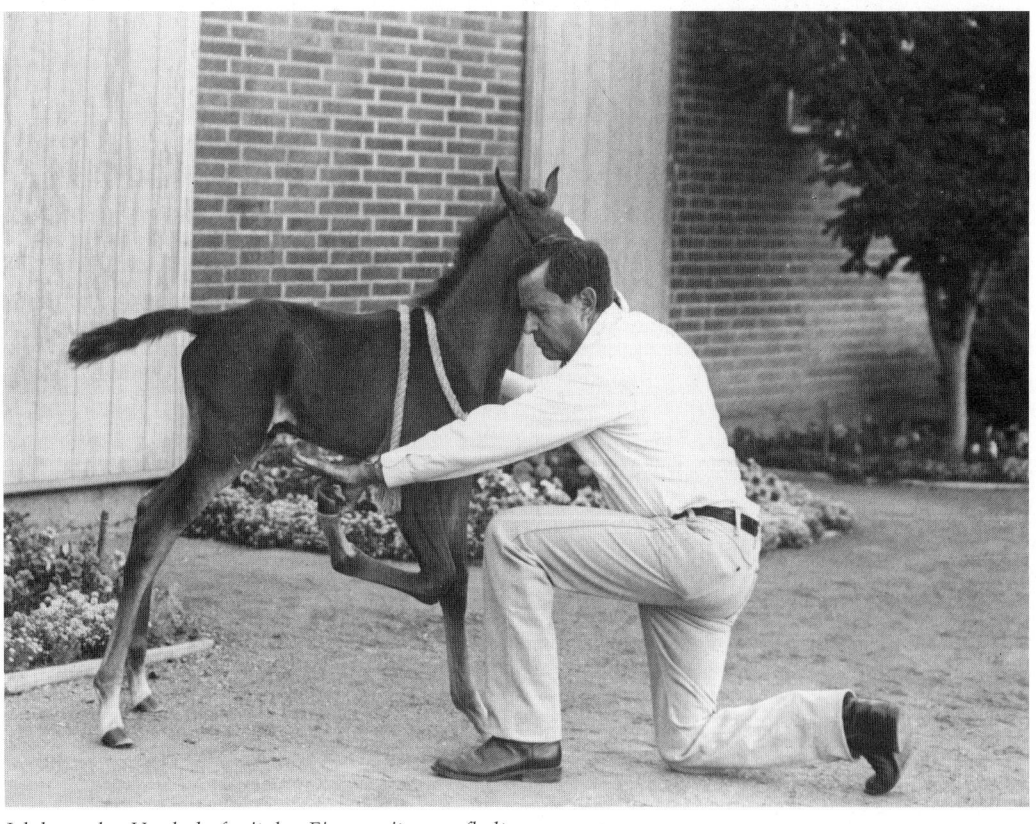

Ich kann den Vorderhuf mit den Fingerspitzen aufhalten.

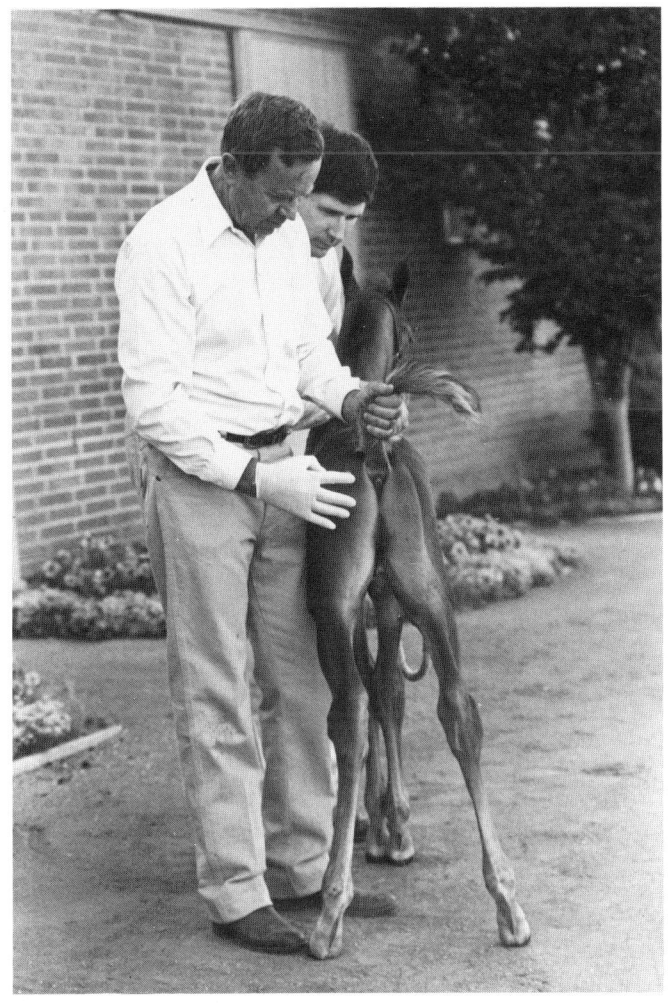

Ich verstärke die Desensibilisierung des Perineums.

Mit einem Handschuh und Gleitmittel auf dem Finger prüfe ich die Desensibilisierung von Anus und Rektum. Er bleibt gleichgültig und wird nie Probleme bereiten bei einem Thermometer oder einer Rektal-untersuchung.

Er wehrt sich nicht einmal gegen das Seil unter seiner Schweifrübe.

Diese Reaktionen kann man erhalten und weiter fördern durch regelmäßiges Wiederholen und Festigen der einzelnen Vorgänge.

10 DAS ANBINDEN

Pferde jeden Alters können das Angebundensein und Geführtwerden lernen - sogar wenn sie erst einen Tag alt sind.

Man sollte einem Fohlen so früh wie möglich beibringen, angebunden stehenzubleiben; vorher aber noch ein Wort der Warnung. Oft werden Verletzungen verursacht durch das Anbinden von Pferden, die nicht korrekt halfterführig gemacht wurden. Wenn ein untrainiertes Pferd merkt, daß es festgehalten wird, wird seine erste Reaktion sein, sich loszureißen und wegzulaufen, da ja Flucht das normale Überlebensverhalten dieser Spezies ist.

Nachdem es nicht weglaufen kann, wird es heftige Versuche unternehmen, sich zu befreien, und das Resultat kann fürchterlich sein. Reißt das Halfter oder der Führstrick, dann überschla-

gen sich die Pferde oft rückwärts ; so werden immer wieder Brüche an Schädel, Hals, Widerrist und Rücken verursacht. Falls das Pferd sich mit Gewalt auf sein Hinterteil setzt oder die Hinterhand gegen einen harten Gegenstand rammt, können Frakturen an den Sitzbeinknochen entstehen. Ein Trauma am Sprunggelenk verursacht dort oft eine Piephacke (Beule am Sprunggelenkshöcker).

Verletzungen am Schädel oder der Wirbelsäule können tödlich enden, oder sie können das zentrale Nervensystem auf Dauer schädigen. Viele Pferde werden durch solche Unfälle zu nervlichen Wracks.

Wer das Angebundensein als Fohlen gelernt hat, der wird es sein Leben lang nicht vergessen.

Bevor es angebunden wird, muß das Fohlen auf einer geraden Linie geführt werden können. Wenn es den Druck durch sein Halfter verspürt, muß es lernen, vorwärts zu gehen. Diese Reaktion kann durch ein Butt Rope verstärkt werden, wie Mike Kevil es hier zeigt.

Falls nichts reißt, können die heftigen Befreiungsversuche den Hals des Pferdes permanent schädigen.

Das ist die Ursache für das Krankheitsbild, das als „Wobblers" bekannt ist, wo Schäden am Wirbelsäulenband unkoordinierte Bewegung zur Folge haben, und das oft für den Rest des Lebens. Ist ein Pferd zu tief angebunden und kämpft dagegen, kann es „den Hals runterziehen", ebenfalls eine ernsthafte und dauernde Halsverletzung.

Manchmal bricht auch der Gegenstand, an dem das Pferd angebunden ist. Viele Pferde wurden verkrüppelt oder getötet, weil ein Baumast, Zaunpfahl, Mast oder Holzbrett abbrach, und das Pferd durchging, verfolgt von dem Gegenstand, an dem es angebunden war.

Ist der Führstrick zu tief festgemacht oder zu lang, kann sich ein Vorderbein in dem Strick verfangen. So entstehen Scheuerverletzungen und gebrochene Beine. Besonders Stricke aus Nylon können reißen und dann wie ein Gummi zurückschnellen. Ich habe sowohl Pferde als auch Menschen gesehen, die auf diese Weise ein Auge verloren haben. Aus allen diesen Gründen sollte man die folgenden Regeln immer beachten, wenn man ein Pferd anbindet:

1) Binden Sie nie ein Pferd an, egal wie alt es ist, welches nicht gelernt hat, einem Strick zu folgen ohne rückwärts zu ziehen.

2) Versichern Sie sich immer, daß Halfter, Führstrick und Haken (falls vorhanden) nicht brechen oder reißen können. Haken aus billigem, sprödem Metall verursachen immer Verletzungen, wenn sie brechen. Benutzen Sie nur starke, massive Haken. Ideal ist solides Messing oder rostfreier Stahl. Billige Karabinerhaken können tödlich sein.

3) Befestigen Sie den Führstrick immer mit einem Knoten, der mit einem Ruck zu öffnen ist, damit er im Notfall schnell gelöst werden kann. Tragen Sie immer ein scharfes Taschenmesser bei sich, wenn Sie mit Pferden umgehen, das kann ein Menschen- oder Pferdeleben retten.

4) Binden Sie Pferde immer kurz und hoch an. Kann das Pferd mit der Nase auf den Boden und grasen, dann ist es gefährlich tief oder zu lang angebunden. Ideal ist das Anbinden in Höhe des Widerrists oder höher. Wenn das Pferd dann rückwärts reißt, ist das Risiko ernsthafter Halsverletzungen weniger groß.

Natürlich kann man einem Pferd in jeden Alters das Führen und Anbinden beibringen. Es gibt allerdings mehrere Vorteile eines frühen Trainings, im Alter von 1 - 3 Tagen:

1) Das Fohlen lernt schneller, da wir es während der besten Lernphase seines Lebens trainieren.

2) Das Fohlen ist noch nicht zu stark und

Ist das Pferd zu tief angebunden, kann es ernsthafte Halsverletzungen erleiden.

89

Hier ist ein 2 Tage altes Stutfohlen dabei, das Geführtwerden zu lernen. Es hat bereits gelernt, auf Zug am Halfter einen Seitwärtsschritt zu machen, wie ich es in Kapitel 9 mit einem anderen Fohlen demonstriert habe. Hier festige ich diese Lektion bei diesem Stutfohlen.

deshalb einfacher unter Kontrolle zu halten als später.

3) Passiert etwas Unvorhergesehenes, ist das Verletzungsrisiko für ein Fohlen, das leicht und flexibel ist, geringer als für ein ausgewachsenes, schweres Pferd, besonders dann, wenn das Anbinden auf weichem Untergrund geübt wird. Ist der Boden hart, kann eine Unterlage aufgeschüttet werden. Stroh ist allerdings etwas rutschig und deshalb nicht ideal. Sägespäne sind besser.

Bevor es angebunden wird, muß das Fohlen sich auf einer geraden Linie führen lassen. Binden sie es noch nicht an, wenn es dem Führstrick nur von einer Seite auf die andere folgt, oder sich nur in einem kleinen Kreis führen läßt. Es muß sich geradeaus führen lassen, selbst wenn das etwas zögerlich geschieht. Rein technisch ausgedrückt muß das Fohlen konditioniert sein, mindestens einen Schritt vorwärts zu machen, wenn es den Druck von Halfter und Führstrick fühlt.

Diese Reaktion kann man durch ein Seil um die Hinterhand (Butt Rope) noch verstärken.

Jetzt soll das Fohlen lernen, gerade vorwärts zu gehen, wenn es einen leichten Zug am Halfter verspürt. Es reagiert gut.

Fordern Sie immer zuerst eine Vorwärtsbewegung durch den Führstrick. Das Butt Rope sollte
nur genutzt werden, wenn keine prompte Reaktion auf den Führstrick erfolgt. Es sollte nicht
als Hauptsignal und auch nicht ständig genutzt
werden. Die Reaktion auf dieses Seil hängt von
der vorherigen Konditionierung auf Hände-
druck gegen die Hinterhand ab. (s. Kapitel 8).

Um dem Fohlen das Angebundensein
beizubringen, setze ich meinen Körper wie
einen Pfosten ein und halte den Strick in meinen Händen. Zum Fohlen gewandt, lehne ich
mich langsam zurück, so daß der Strick nicht
mehr durchhängt und das Fohlen den Zug
nach vorne spürt. Weil es zuvor konditioniert
wurde, auf diesen Zug vorwärts zu gehen,
wird es sich automatisch auf mich zu bewegen.
Sobald es das tut, gehe ich sofort mit den
Händen nach vorne, um dem Druck aufhören
zu lassen. Das wiederhole ich mehrere Male.

Auf diese Weise lernt das Fohlen, daß durch
Vorwärtsgehen der Druck von dem Strick jedes Mal nachläßt, während die Flucht unmöglich ist.

*Ich bewege mich ein paar Schritte rückwärts und fordere das Fohlen auf, mir zu
folgen, was es ohne weiteres tut.*

*Ich gehe noch einmal ein
paar Schritte zurück, und
fordere ein paar Schritte
geradeaus. Ein paar
Sekunden lang reagierte
sie nicht, und dann mach-
te sie einen Satz nach
vorn. Das ist in Ordnung.
Sie hat bereits gelernt, daß
der Zug des Stricks durch
das Vorwärtsgehen auf-
hört, durch Flucht von
mir weg aber nicht.*

Für den nächsten Schritt ziehe ich einen langen Führstrick durch einen alten Reifenschlauch und stelle mich selbst hinter das Stutfohlen (s. S. 93). Ich ziehe den Strick langsam an, bis er straff ist.

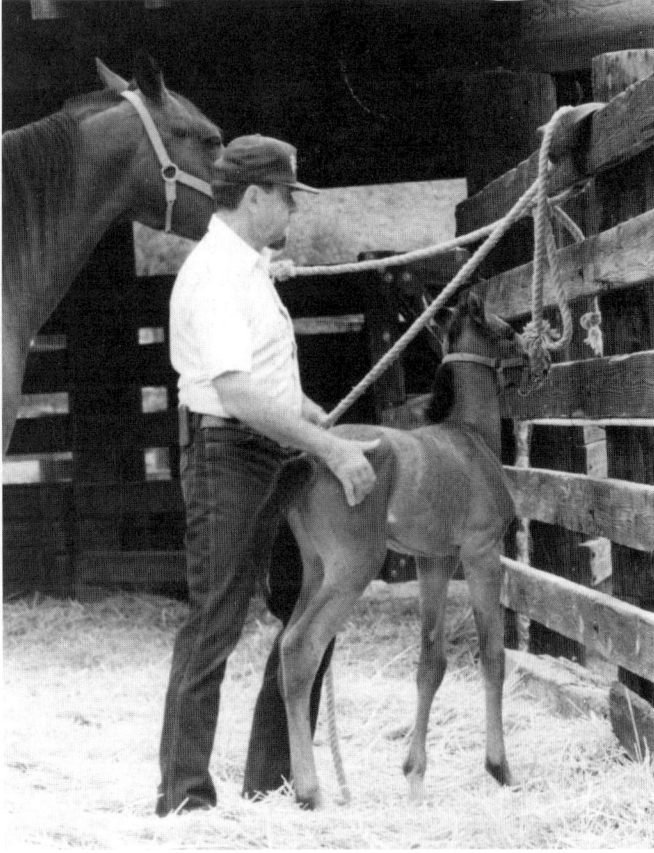

Sowie das Fohlen den Zug von dem Strick spürt, macht es einen Schritt nach vorn und wird sofort durch den jetzt lockeren Strick belohnt. Da dieses Fohlen als Reaktion auf so einen leichten Zug bereits vorwärts trat, ist es schwierig, den Unterschied zwischen dem gespannten und dem losen Strick zu sehen. Meine Anwesenheit hinter ihr ermutigt sie, einen Schritt zu machen, und ich kann ihr auch sofort helfen, falls sie in Panik gerät.

Nach ein paar Schritten ist sie direkt am Zaun, welcher idealerweise eine geschlossene Wand sein sollte. Falls das Stutfohlen sich aufregen sollte, könnte es mit einem Vorderbein im Zaun hängen bleiben. Beachten Sie, daß die Stute direkt daneben angebunden ist, so kann keiner der beiden sich über eine Trennung aufregen.

Sobald diese Reaktion automatisch erfolgt, ist es Zeit für den nächsten Schritt. Das kann in wenigen Minuten der Fall sein, aber es ist keine Eile geboten. Es gibt keinen Grund, der gegen eine Unterbrechung oder Pause spricht, falls das Fohlen müde wird oder seine Aufmerksamkeit verliert.

Der nächste Schritt ist, den Schlauch eines Autoreifens an einem Zaun oder Baum anzubringen. Am besten ist eine solide Wand, damit das Fohlen sich nicht mit einem Bein im Zaun verfangen kann, falls es steigen sollte. Der Schlauch sollte höher befestigt sein als der Kopf des Fohlens. Jetzt ziehen Sie einen langen Strick durch den Schlauch und stellen sich hinter das Fohlen. Ziehen Sie langsam an dem Strick, bis er gespannt ist.

Wenn sich der Hals des Fohlens jetzt streckt, dehnt sich der Gummischlauch, und die geringste Vorwärtsbewegung wird sofort durch ein Nachlassen des Drucks belohnt. Der Schlauch hat dieselbe Funktion wie Ihre Arme, als Sie den Zaunpfahl gespielt haben. Sofortige Belohnung und positive Bestätigung des gewünschten Verhaltens! Falls das Fohlen in Panik gerät und versucht, rückwärts zu gehen, können Sie, direkt hinter ihm, das und auch ein nach hinten Überschlagen verhindern.

Wiederholen Sie diese Übung täglich, bis Sie ganz sicher sind, daß das Fohlen dem Druck nach vorne weicht und nicht rückwärts zieht. Es hilft, wenn die Stute gleich neben dem Fohlen angebunden ist. Es gibt dem Fohlen Vertrauen und verringert den Wunsch zu fliehen, weil es sich neben der Stute sicher fühlt.

Wenn Sie dann absolut sicher sind, daß das Fohlen nicht rückwärts ziehen wird, können Sie es anbinden und ein oder zwei Minuten angebunden lassen. Aber binden Sie es nicht wirklich fest. Statt dessen wickeln Sie den Strick zweimal um den Schlauch. Dann stellen Sie sich ein paar Meter hinter das Fohlen, bis sich der Strick spannt, sobald es sich bewegt. Wenn es jetzt sofort nach vorn tritt, habe Sie es geschafft! Das Fohlen hat das Anbinden jetzt gelernt. Aber seien Sie klug; binden Sie ein Fohlen nicht mit einem Knoten fest (nicht einmal mit einem, der sich sofort öffnen läßt), und lassen Sie es nicht allein, bevor diese Lektion viele Male wiederholt wurde. Halten Sie die Stute immer in der Nähe ihres Fohlens, so daß keiner von beiden in Panik gerät.

Pferde, denen das Anbinden richtig beigebracht wurde, stehen ruhig, egal woran sie festgebunden sind - sogar an einer „Wäscheleine".

93

11 HALFTER-TRAINING

Es ist unsinnig, von einem Babyfohlen zu erwarten, daß es längere Zeit angebunden stehenbleibt.

Wenn sich das Fohlen gut führen läßt und angebunden stehen bleibt, ist es bereit für mehr fortgeschrittenes Halftertraining. Aber lassen Sie mich zuerst die entsprechenden Begriffe definieren:

Gut halfterführig. Beim Fohlen bedeutet das, daß es dem Führstrick in jede Richtung folgt, aber im langsamen Tempo. Man sollte nicht erwarten, daß das Fohlen von der Stute weiter weggeführt werden kann, ohne ein Anzeichen von Widerstand oder Aufregung. Genausowenig sollte es schneller als im Schritt geführt werden. Fordern Sie nicht zu viel, Ihr Fohlen macht seine Sache sehr gut, wenn es Ihnen in verschiedene Richtungen nahe der Stute folgt.

Angebundensein. Das bedeutet, daß das Fohlen ruhig für ungefähr eine Minute hoch an einen Zaun oder Pfosten nah bei der Stute angebunden stehenbleibt. Es ist unsinnig zu erwarten, daß ein Babyfohlen, welches an seine Mutter gebunden und geprägt ist, ihr zu folgen, ruhig angebunden steht, während die Mutter in einiger Entfernung ist. Genauso unsinnig ist es, zu erwarten, daß ein Fohlen dieses Alters für lange Zeit angebunden stehen bleibt. Fohlen werden beim Stehen schnell müde und wollen saugen, herumlaufen oder sich hinlegen. Fordern Sie deshalb nichts von ihrem Fohlen, was Sie vernünftigerweise nicht erwarten können.

In diesem Stadium zieht das Fohlen vielleicht ein paar Mal zurück am Strick, aber es wird nicht in Panik geraten oder fliehen wollen, sondern entweder einen Satz nach vorn machen oder sich leicht nach vorne lehnen, um die Spannung vom Seil zu nehmen.

Dieses Fohlen (mit Jack Brainard, Texas) geht als Reaktion auf einen leichten Zug am Strick sofort ein paar Schritte vorwärts.

Dieses Fohlen ist ein hervorragendes Beispiel für ein Fohlen, das sich gut führen läßt.

Wenn das Fohlen die oben genannten Kriterien erfüllt, und das kann schon im Alter von zwei oder drei Tagen sein, dann kann man fortgeschrittene Techniken im Halftertraining anwenden, wie zum Beispiel:
1) Das Fohlen vom Rücken der Stute aus führen.
2) An der Hand in mehreren Gangarten führen.
3) Ruhig an der Hand stehen lassen.

Führen vom Rücken der Stute aus

Es ist sehr vorteilhaft, das Fohlen vom Rücken der Stute aus zu führen, wenn diese diszipliniert und gut erzogen ist. Sie muß nicht einmal lahmfrei sein, weil wir nur langsam mit ihr um den Reitplatz herum gehen werden. Steigen Sie in den Sattel der Stute mit dem Führstrick in der rechten Hand, während das Fohlen auf der rechten Seite der Stute steht. Befestigen Sie den Strick nicht irgendwo am Sattel, sondern behalten Sie ihn in der Hand. Lassen Sie die Stute langsam einen oder zwei Schritte machen, und halten Sie dann an, um das Fohlen nachkommen zu lassen. Wenn es nötig ist, können Sie ein lockeres Butt Rope einsetzen, um es zum Vorwärtstreten zu ermutigen.

Macht das Fohlen einen Schritt vorwärts, dann lassen Sie die Stute wieder ein oder zwei Schritte machen; machen Sie so weiter, bis sich das Fohlen bereitwillig führen läßt. Ziehen Sie das Fohlen nicht, sonst wird es nur lernen, sich ziehen zu lassen, statt sich führen zu lassen.

Ich binde meine Pferde und Maultiere immer mit reißfestem Halfter und Strick an einen Reifenschlauch, bis sie zwei Jahre alt sind. Dieser Maultier-Jährling wurde prägetrainiert und zieht nie am Führstrick und läßt sich leicht führen.

Es ist sehr vorteilhaft, das Fohlen vom Rücken der Stute aus zu führen.

95

Pferde können das, was sie auf einer Seite gelernt haben, nicht auf die andere Seite ihres Körpers übertragen. Deshalb muß der Lernprozeß auf jeder Seite wiederholt werden.

Bald wird sich das Fohlen an der Seite der Stute im Schritt um den Reitplatz führen lassen. Wechseln Sie dann die Seite und lassen das Fohlen links von der Stute gehen. Bedenken Sie, daß Pferde das, was sie auf einer Körperseite gelernt haben, nicht auf die andere übertragen können. Deshalb muß der Lernprozeß immer auf jeder Seite wiederholt werden. Wenn sich das Fohlen am Ende dieser Lektion gehorsam auf jeder Seite der Stute um den Ring führen läßt, können Sie zufrieden sein.

Wiederholen Sie die Übung am nächsten oder übernächsten Tag, und integrieren Sie ein paar Wendungen. Wenn das Fohlen auch diese meistert, versuchen Sie es mit Achten. Denken Sie daran, alle diese Führübungen von beiden Seiten zu trainieren.

Immer wieder, wenn das Fohlen seine Sache gut macht, lehnen Sie sich vom Sattel herunter und streicheln Sie seinen Kopf, Hals und Körper. Das hat zwei Ziele: zum einen ist es eine Belohnung für das gehorsame Verhalten, und zweitens gewöhnt sich so das Fohlen daran, eine Person über sich zu sehen und zu spüren. Es wird sich viel weniger aufregen, wenn es als junges Pferd zum ersten Mal einen Reiter auf seinem Rücken sieht und spürt. Aus diesem Grund stelle ich mich auch über den Rücken eines neugeborenen Fohlens, wenn es zum ersten Mal steht. Natürlich darf dabei kein Gewicht auf dem Rücken des Fohlens lasten. Manche Fohlen sind für manche Leute deshalb auch für diese Übung zu groß.

Ist die Stute fit genug für einen Trab, sollte das die nächste Phase des Trainings sein. All das kann auch vom Boden aus gelehrt werden, wie ich es später beschreiben werde, aber das Fohlen wird schneller lernen, wenn es von der Stute aus geführt wird, weil es möglichst nah bei der Mutter bleiben will.

Geht das Fohlen erst einmal gut im Trab, dann versuchen Sie ein paar Galoppsprünge. Aber erzwingen Sie nichts. Wir wollen nicht, daß das Fohlen sich aufregt, rückwärts zieht und hinfällt oder ausbricht. Darum sollte man diese Übung in einem eingezäunten Reitplatz vornehmen. So kann das Fohlen anfangs auch zwischen dem Zaun und der Stute gehalten werden.

Das feste Butt Rope

Nachdem das Fohlen mehrere Male von der Stute aus geführt wurde und sich so im Schritt, Trab und Galopp mitführen läßt, gehe ich von dem losen Butt Rope (eine einfache Schlinge, separat vom Führstrick kontrolliert) auf ein festes über. Dieser Schritt ist beim Halftertraining nicht notwendig, aber so kann man einem wochenalten Fohlen beibringen, versammelt mit der Stute mitzugehen.

Wie das funktioniert? Um das zu erklären, müssen wir zuerst den Begriff „Versammlung" definieren. Der Reiter sollte das Pferd betrachten wie zwei bewegliche Teile: die Vorhand oder vordere Hälfte und die Hinterhand oder hintere Hälfte. Da die Hinterhand die Antriebsquelle darstellt, ist sie dafür in der besten Position, wenn sie sich unter dem Pferd befindet, anstatt nach hinten ausgestreckt zu sein.

Ein guter Reiter bringt die Hinterhand durch den Druck von Schenkeln und Gesäß unter das Pferd. Gleichzeitig wird die Vorwärtsbewegung durch die Hand an Zügel und Gebiß gehemmt. So hat das versammelte Pferd in jeder Gangart eine runden Rücken; die Hinterhand ist unter dem Pferd, und der Kopf ist im Genick abgekippt, um die Nase in eine mehr vertikale Position zu bringen. Die Haltung eines versammelten Pferdes ist ähnlich der eines Verteidigers beim Fußball. Die Wirbelsäule ist leicht gebeugt, die Beine sind leicht gebeugt, um größtmöglichen Antrieb zu erreichen, und auch der Kopf ist leicht gebeugt. In dieser Stellung kann das Pferd am besten losstarten, springen, die Richtung wechseln, sich drehen und stoppen.

Versammlung bedeutet nicht, daß der Kopf des Pferdes tief getragen wird, mit der Nase am Boden. In dieser Position ist das Gewicht auf der Vorhand, als ob das Pferd bergab gehen würde. Es lastet mehr Gewicht auf der antriebslosen Vorhand.

Versammlung bedeutet auch nicht einen so stark gekrümmten Hals, daß die Nase hinter der Senkrechten getragen wird. Überzogene Biegung dieser Art, die man oft bei Turnierreitern sehen kann, behindert die athletische Leistung, die ein Pferd erbringen kann, und die Kontrolle des Reiters über die Vorhand.

Angenommen, dem Fohlen ist korrekt beigebracht worden, am Führstrick zu gehen, und es ist konditioniert worden, vorwärts zu gehen, wenn es Druck gegen die Hinterhand verspürt, dann wird es in ein paar Minuten lernen, in jeder Gangart versammelt und schwungvoll vorwärts zu gehen.

Wenn ein Fohlen sich am Boden gut führen läßt, beginne ich, es vom Rücken der Stute aus zu führen. Auf diesen drei Fotos kann man sehen, wie ich ein loses Butt Rope benutze.

Ich behalte den Führstrick des Fohlens in der linken Hand, und die Schlingen des Ropes in der rechten. Beachten Sie, daß keiner der Stricke am Sattel festgebunden ist; das könnte gefährlich sein. So kann ich, falls notwendig, auch schnell die Schlingen fallen lassen, damit sich meine Hand nicht darin verfangen kann.

Weil dieses Stutfohlen prägetrainiert und auf Druck gegen die Hinterhand sensibilisiert wurde, als es einen Tag alt war, bewegt es sich jetzt willig vorwärts, wenn es das Seil um die Hinterhand spürt.

Das Butt Rope ist getrennt vom Führstrick und verläuft von der Unterseite des Halfters um die Hinterhand und zurück zum Halfter. Es muß genau die richtige Länge haben. Ist es zu kurz, wird es die Aktion der Hinterhand behindern, ist es zu lang, wird es überhaupt keine Wirkung haben. Sehen Sie sich die Fotos an. Wenn das Fohlen in einer normalen, aufmerksamen und gleichzeitig entspannten Stellung dasteht, dann hat das Seil leichten Kontakt mit der Hinterhand. Es erlaubt dem Fohlen auch, seinen Kopf in einer normalen Position zu tragen, mit einer leichten Biegung im Genick.

Wenn das Fohlen jetzt geführt wird und nach hinten zieht und den Kopf hebt, dann zieht es am Butt Rope und spürt Druck an der Hinterhand und auf der Nase. Um diesen Druck zu vermeiden, wird es seine Hinterhand etwas unter den Körper bringen und im Genick leicht nachgeben. Schon ist es in der richtigen Haltung für die Versammlung.

Sogar wenn es in dieser Position zurückfällt, wird es durch den Druck des Seils vorwärts getrieben. Durch das Führen mit dem festen Butt Rope lernt das Fohlen schnell, fleißig vorwärts zu gehen, um bei der Stute zu bleiben, und dabei den Hals leicht gebeugt, den Rücken rund und die Hinterhand leicht unter sich zu halten.

Achten Sie darauf, daß das Seil nicht zu eng befestigt ist. Ist es zu locker, dann kann höchstens der Lerneffekt ausbleiben. Aber wenn es zu eng ist, wird es der Gangart den Schwung nehmen, weil die Hinterbeine nicht mehr rückwärts gestreckt werden können und so der Antrieb behindert ist.

Beginnen Sie mit einem eher locker justierten festen Butt Rope. Sie können es dann nach und nach verkürzen. Wenn das Fohlen dann aufmerksam, mit gebeugtem Kopf und der Hinterhand leicht unter dem Körper vorwärts geht, kürzen Sie das Seil nicht weiter.

Um die Bedeutung der Versammlung zu verstehen, muß man wissen, daß dies keine normale Position für ein Pferd in Freiheit ist. Das Pferd in der Fluchtposition hebt Kopf und Hals mit vorgestreckter Nase. Die Biegung im Hals wäre während der Flucht völlig unnatürlich für ein

Pferd, aber es ist eine notwendige Haltung, damit der Reiter durch seine Hände, die Zügel und das Gebiß mit dem Pferd kommunizieren und die Bewegung der Vorhand kontrollieren kann. Es ist nicht nötig, auf dem Rücken eines Pferdes zu sitzen, um ihm Versammlung beizubringen. Oft wird es mit verschiedenen Hilfsmitteln vom Boden aus gelehrt, wie zum Beispiel mit Hilfszügeln, durch Fahren und Longieren. Mit dem festen Butt Rope kann ein Fohlen schon sehr früh die Erfahrung machen, daß eine freie Vorwärtsbewegung in versammelter Haltung möglich ist.

Ist die Stute in guter Verfassung, und hat sie einen ruhigen Charakter, dann ist es vorteilhaft, das Fohlen von ihrem Rücken aus auch außerhalb des Reitplatzes zu führen. Führen Sie es auch hier wieder auf beiden Seiten. Wenn die Stute an Verkehr, Kühe, Traktoren und andere furchteinflößende Objekte gewöhnt ist, wird das Fohlen Sicherheit gewinnen und sich ebenfalls daran gewöhnen. Reiten Sie die Stute mit dem Fohlen am Führstrick durch Bäche, über Brücken, durch Tore und an Kühen, Hunden und allem anderen vobei, was dem Fohlen in seinem Leben begegnen wird.

Wenn die Stute nicht fit genug ist oder nicht trainiert und somit unbrauchbar für die beschriebenen Maßnahmen, kann man sie dem Fohlen alle auch vom Boden aus beibringen. Dann kann das Fohlen später, nach dem Absetzen, von jedem braven, wohlerzogenen Pferd aus geführt werden.

Während es vom Pferd aus geführt wird, wird das Fohlen versuchen, am Bein des Reiters, dem Steigbügel oder dem Führpferd zu knabbern. Das sollte man *sofort* unterbinden, indem man die Nase des Fohlens mit dem Bein wegstößt. Normalerweise wird es dann nach mehreren solcher Stöße entmutigt. Es ist wie bei allen Trainingsvorgängen: je schneller und subtiler die Strafe erfolgt, umso wirksamer wird sie eine Wiederholung des ungewünschten Verhaltens verhindern.

Nachdem das Stutfohlen sich mit einem losen Butt Rope gut führen ließ, legte ich ihr ein festes an. Es ist in das Halfter eingehakt, geht hinten um die Hinterhand herum und zurück zum Halfterring, wo es wieder fest- gebunden ist. Das Ende von dem Seil nehme ich dann als Führstrick. Wenn ich daran ziehe, gibt es Druck auf das Halfter, aber nicht auf das Butt Rope. Wenn das Fohlen allerdings den Kopf hebt, als Reaktion auf den Führstrick, dann kommt Zug auf das Butt Rope. Es sollte eng genug sein, um die Hinterhand etwas unter dem Fohlen und die Nase etwas eingezogen zu halten; aber es sollte nicht so kurz sein, daß es die rückwärtige Strek- kung der Hinterhand behindert.

Fällt ein Fohlen beim Führen zurück, dann versucht es normalerweise seinen Kopf zu heben. Wenn es das tut, dann übt das feste Butt Rope Druck auf die Hinterhand aus und drängt es, vorwärtszutreten. Um diesen Druck zu vermeiden, lernt das Fohlen schnell, sich mit etwas tieferer Nase und der Hinterhand unter dem Kör- per vorwärts zu bewegen, und das ist die Grundlage für die Versammlung.

12 FORT-GESCHRITTENES HALFTERTRAINING

Jedes Fohlen sollte lernen, am Führstrick zu gehen und korrekt stillzustehen - besonders falls es an Wettbewerben teilnimmt. Dies ist Larry Myerscough aus Houston mit einem Absetzer.

RELATIV wenige Saugfohlen, egal welcher Rasse, werden in Halter-Klassen auf Horse Shows gezeigt, aber es ist trotzdem wichtig, jedem Fohlen gute Halftermanieren beizubringen. Besonders wichtig ist es eben für die Fohlen, die in Wettbewerben gezeigt werden. Wie bei allen anderen Techniken in diesem Buch, können gute Manieren schon einem Fohlen im Alter von ein paar Tagen beigebracht werden.

Wenn es sich einmal ordentlich führen läßt, wie beschrieben, dann können wir diese Technik verfeinern. Wir haben dem Fohlen schon beigebracht, daß es nicht zurückbleibt oder am Strick zurückzieht. Der Druck des Halfters hinter dem Genick wirkt einem Zurückziehen entgegen. In diesem Stadium ist deshalb ein Halfter aus einem dünnen, festen Strick wirksamer als eines aus flachen, breiten Riemen, weil das unangenehmer ist, falls das Fohlen zu ziehen beginnt. Wenn notwendig, kann das Zurückziehen außerdem durch ein loses Butt Rope, vor allem am Anfang, verhindert werden. Ich halte es nicht für notwendig oder empfehlenswert, eine War Bridle* zu benutzen, um einem Fohlen das Führen beizubringen (*aus einem Strick in besonderer Weise angelegter Zaum, der sich zuzieht).

Wir müssen das Fohlen auch davon abhalten, vorwärts zu ziehen, wenn es geführt wird, und da gibt es einige verschiedene Techniken. Sie funktionieren alle nach dem gleichen Prinzip: wenn das Fohlen zu schnell ist - der führenden Person voraus - dann macht es eine unangenehme, einschüchternde Erfahrung. So wird ihm das Vorwegrennen verleidet, und bald wird es an der Seite der führenden Person bleiben, wie ein Hund, der lernt, „bei Fuß" zu gehen. Hunde gehen allerdings normalerweise auf der linken Seite ihres Herrn, während Pferde rechts geführt werden. Ideal ist es, wenn beide Tierarten auf beiden Seiten der Person zu gehen lernen.

So führe ich Fohlen, die an das Halfter gewöhnt sind. Es ist mein Ziel, daß das Fohlen meiner rechten Hand folgt. Ich halte auch eine Gerte in der Hand, mit der ich es an der Brust antippe, wenn es beginnt, zu schnell zu werden. Wird es zu langsam, dann spanne ich mit meinem Körper den Führstrick und bringe so das Fohlen vorwärts.

Hier sehen Sie eine andere Möglichkeit, ein Fohlen zu führen. Ich wickle den Führstrick halb um meinen Ellenbogen und Unterarm. Wenn das Fohlen zu schnell wird, kann ich durch eine ruckartige Bewegung mit dem Ellenbogen auf seine Nase einwirken und es verlangsamen. Ist es zu langsam, gebe ich einen Ruck nach vorne. In beiden Fällen lernt das Fohlen, meiner rechten Hand zu folgen und losen Kontakt zum Führstrick zu halten.

Die Fotos zeigen drei verschiedene Methoden, um dem Fohlen das korrekte Gehen am Führstrick beizubringen, ohne daß es vorauszurennt oder quer vor sie läuft.

Wenn ein Pferd erst einmal ausgewachsen ist und dann ständig der führenden Person vorausgeht oder ihren Weg kreuzt, dann erschwert das nicht nur das Führen, es signalisiert dem Pferd auch, daß es die Situation unter Kontrolle hat. Das Pferd verliert seinen Respekt und wird diese Person nicht als Führer anerkennen. Das heißt, daß diese Person das Pferd auch nicht kontrollieren kann. Außerdem kann Ihnen dabei das Pferd auch leicht auf die Zehen treten, wenn es vor Ihnen herkreuzt, oder schlimmstenfalls zieht es voraus, bockt und schlägt und trifft Sie dabei.

Als nächstes müssen wir dem Fohlen beibringen, stehen zu bleiben, wenn wir stehenbleiben. Der einfachste Weg ist, abrupt zu halten und dabei am Führstrick zu ziehen. Wenn das Fohlen stehenbleibt, muß der Zug sofort aufhören. Ich kombiniere diese Technik gerne mit dem Kommando „Whoa", was ich deutlich, aber nicht laut ausspreche. Aber es ist nicht unbedingt notwendig, ein Wortkommando zu benutzen, und manche Trainer ziehen es vor, das nicht zu tun, besonders, da viele Reiter das

Kommando mißbrauchen, indem sie „Whoa" sagen, wenn sie nur wollen, daß das Pferd langsamer wird. Auf diese Weise verliert das Wort schnell seine Bedeutung für das Pferd.

Wortkommandos, wie auch alle anderen Signale, sollten für eine einzige Reaktion stehen, und nicht variiert werden. „Whoa" bedeutet Stehenbleiben, und zwar ein abruptes Anhalten und totales Stehenbleiben. Es soll nicht bedeuten „langsamer werden" oder „ruhig". Es bedeutet „bleibe sofort auf der Stelle stehen, und zwar solange, bis du einen anderen Befehl erhältst". Wenn das Fohlen stehenbleibt, wenden Sie sich ihm zu. Das blockiert seinen Vorwärtsdrang und lehrt es, stillzustehen und nicht von sich aus einfach wieder weiterzugehen.

Die Belohnung für das Stehenbleiben ist der nachlassende Druck am Halfter und kann durch Streicheln an Kopf oder Hals und ein lobendes Wort wie „braver Kerl", „braves Mädchen" oder einfach „brav" in einem sanften, ruhigen Ton verstärkt werden. Seien sie konsequent in ihren Befehlen und ihren Mitteln der Bestätigung, ob positiv oder negativ. Das Pferd wird nur verwirrt, wenn sie es einmal „braver Kerl", dann „bist ein schlaues Pferd" und beim dritten Mal mit „so ist es gut" loben.

Seien Sie konsequent in ihren Befehlen und Bestätigungstechniken.

Bei dieser Methode ist meine Hand vor dem Fohlen, aber sie hält nicht den Führstrick. Der Führstrick wird von der linken Hand gehalten, wobei er vor meinem Körper herläuft. Wenn das Fohlen zu schnell wird, kann ich meine rechte Hand nach unten fallen lassen, um dem Strick einen Ruck zu geben und ein langsameres Tempo zu fordern. Ist das Fohlen zu langsam, dann spannt sich der Strick vor meinem Körper und zieht das Fohlen vorwärts. So lernt es, hinter meiner rechten Faust zu bleiben.

Genauso schnell kann ein Pferd jeden Alters lernen, daß „nein" ein Ausdruck von Mißfallen ist, besonders wenn es in einem scharfen Ton gesagt wird.

Hat das Fohlen gelernt, stehenzubleiben, wenn Sie stehenbleiben, können Sie graduell davon abgehen, sich in seinen Weg zu stellen. Es konzentriert sich auf Ihre Hand mit dem Führstrick, und wenn die Hand stoppt und ihm den Weg versperrt, dann stoppt auch das Pferd. Das Kommandowort - falls Sie eines verwenden - sollte so konsequent und deutlich sein wie das sichtbare Kommando.

Nachdem das Fohlen sich jetzt korrekt führen und anhalten läßt, sollte das nächste Ziel sein, ihm das Rückwärtsgehen beizubringen. In der zweiten Lektion, als es nur ein paar Stunden alt war, haben wir ihm beigebracht, auf den Druck unserer Fingerspitzen auf die Brust hin rückwärts zu gehen. Alles, was wir jetzt tun müssen, ist, uns vor das Fohlen stellen, Druck auf seine Brust ausüben und auf es zugehen. Das Fohlen sollte sofort rückwärts treten. Diese

Bewegung wird, wie immer, durch sofortiges Nachlassen des Drucks belohnt. Wir machen eine kleine Pause und wiederholen den Prozeß, diesmal von einem Rückwärtsdruck des Führstricks begleitet.

Gleichzeitig kann wieder ein Wortkommando wie „back!" scharf ausgesprochen werden. Geht das Fohlen einen Schritt zurück, dann belohnen Sie es, nehmen den Druck sofort weg und streicheln oder loben es.

Sehr schnell wird das Fohlen lernen, auf Kommando rückwärts zu treten, und der Druck gegen die Brust kann langsam weggelassen werden. Trotzdem bleibt die Erinnerung an das Signal, und die Aufforderung zum Rückwärtstreten kann immer durch Druck auf diese Gegend verstärkt werden. Nach und nach, wenn ein zweiter und dritter Schritt rückwärts vorkommt, kann mehr gefordert werden. Das Fohlen sollte jetzt im Schritt brav am lockeren Führstrick gehen, auf Kommando stehenbleiben und auf Kommando rückwärtstreten, bis ihm das Halten signalisiert wird.

*Dies ist ein älteres
Hengstfohlen, das neben
seinem Führer hertrabt...*

*...aber hier voraus rennt.
Fohlen sollten schon früh
lernen, nicht voraus-
zustürmen.*

Jedes Fohlen (und Pferd) sollte lernen, auch von einer Person auf der rechten Seite geführt zu werden, aber nicht auf diese Art.

Hier ist eine Methode: Tragen Sie eine lange Gerte in einer Hand. Fordern sie das Pferd durch Schnalzen auf, vorwärts zu gehen; dann berühren sie es mit der Gerte an der Hinterhand. Idealerweise sollte das Pferd noch einen Zaun auf der linken Seite haben, so daß es als Reaktion auf die Gerte vorwärts, aber nicht seitwärts geht.

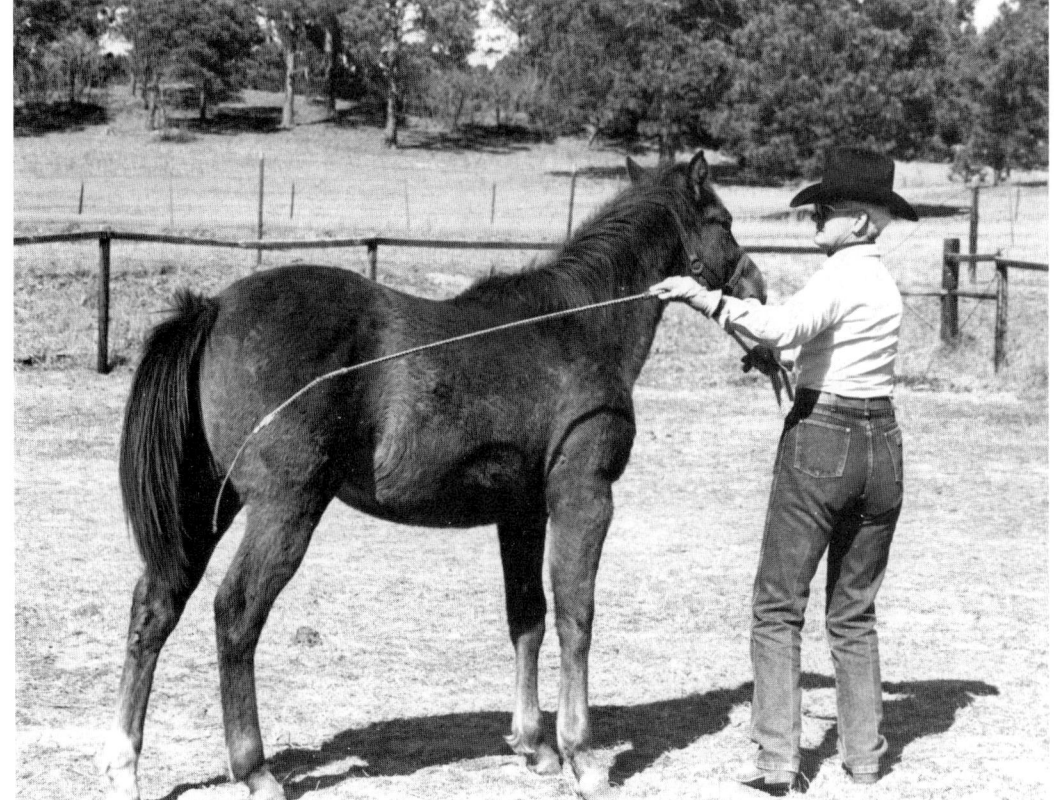

Bald wird es sich rechts genauso gut führen lassen wie links.

Auch ein Fohlen kann lernen, seine Beine korrekt im Viereck hinzustellen, um in Halter geshowt werden zu können.

Hier lernt es, ruhig und aufmerksam stehenzubleiben. Beginnen Sie, indem sie nur 5-10 Sekunden Stillstehen verlangen. Loben Sie das Fohlen für eine gute Ausführung.

Lehren Sie das Fohlen, nicht vorzudrängen, wenn es geführt wird.

Zwei Fotos eines älteren Hengstfohlens, das sich gut im Trab führen läßt.

Dieser Junghengst lernt das Rückwärtstreten. Die Person bewegt sich auf ihn zu, übt gleichzeitig Druck auf seine Brust aus und sagt „back!". Wie bereits in einem früheren Kapitel beschrieben, kann das Rückwärtstreten schon im Alter von ein oder zwei Tagen schnell gelehrt werden.

An der Hand stehenbleiben

Das Fohlen sollte nicht nur lernen, korrekt am Führstrick zu gehen, sondern auch, ruhig und aufmerksam stehenzubleiben. Fordern Sie anfangs nur kurze Zeitspannen, vielleicht fünf oder zehn Sekunden, und loben Sie jede gute Reaktion. Verlängern sie dann nach und nach die Zeit, die das Fohlen stehenbleiben muß.

Es hilft, wenn man das nahe der Stute übt, so daß das Fohlen nicht aus Angst unaufmerksam wird. Wenn die Fliegen stören, sollte man ein Fliegenspray verwenden, damit das Fohlen nicht zappeln muß.

Ein eine Woche altes Fohlen kann auch lernen, ordentlich im Viereck zu stehen, um in Halter geshowt werden zu können. Man muß nicht bis zum Absetzen warten, um ihm das beizubringen. Es kann Fohlen gelehrt werden, die noch keine Woche alt sind, weil das Fohlen als Neugeborenes gelernt hat, sich auf Druck vorwärts und rückwärts zu bewegen und auch Vorhand oder Hinterhand seitwärts zu bewegen. Es wird einfach sein, seine Position leicht zu verändern, wenn es erst einmal ruhig steht.

Bis jetzt haben wir alle Führmanöver im Schritt gemacht. Jetzt können wir dem Fohlen auch beibringen, in einer schnelleren Gangart geführt zu werden. Falls es schon vom Rücken der Stute aus geführt wurde, dann kennt es schon das Mitlaufen mit der Mutter im Trab. Da wir jetzt vom Boden aus führen, können wir den Nachahmungstrieb des Fohlens ausnützen.

Das heißt, daß das Fohlen das Verhalten der Stute imitiert. Hat sie vor etwas Angst, wird auch das Fohlen davor scheuen. Wenn sie mutig durch einen Bach geht, dann wird das Fohlen dasselbe tun. Wenn sie vorn ausschlägt oder koppt, wird das Fohlen wahrscheinlich dieselben Laster annehmen.

Man kann Fohlen das Führen in einer schnelleren Gangart mit schmerzenden Hilfsmitteln, wie War Bridles oder Gerten beibringen, aber das sollte nicht nötig sein. Wenn das Fohlen geprägt ist, einem Menschen zu vertrauen und zu folgen, dann wird es dazu neigen, auch das Verhalten dieses Menschen zu imitieren. Also beginnen wir, auf der Stelle zu laufen, wenn wir das Fohlen führen, und dann beschleunigen wir langsam unser Tempo, und das Fohlen wird im Normalfall dasselbe tun. Belohnen Sie gleich die erste kleine Reaktion mit überschwenglichem Lob, und versuchen Sie nicht gleich, die Übung zu wiederholen. Es ist auch eine Belohnung für das Pferd, wenn seine Lektion abgebrochen wird.

Schauen Sie während dieser Übung nicht das Fohlen an, das würde seine Vorwärtsbewegung hemmen. Das gilt für Pferde jeden Alters. Es schüchtert ein Pferd ein, wenn die Führperson es ansieht. Seine natürliche Reaktion, wenn es diese Person respektiert, ist Abstand zu halten, um den persönlichen Freiraum des anderen nicht zu verletzen. Deshalb wird es in seiner Vorwärtsbewegung gehemmt.

Nach nur wenigen Wiederholungen hat der Junghengst gelernt, rückwärts zu treten, sobald die Führperson auf ihn zu geht, und „back!" sagt.

Fohlen als Handpferd mitzuführen ist eine gute Methode, um ihre Halfterführigkeit zu verbessern.

Also schauen Sie nach vorn, wenn Sie ein Pferd lehren, sich im Trab führen zu lassen, vorausgesetzt, es ist im Schritt bereits gut halterführig. Dann fangen Sie an, ganz übertrieben auf der Stelle zu traben, und ziehen am Führstrick. Schauen Sie nicht zurück! Sie können den Strick sogar ca. 30 cm länger lassen. (Nehmen Sie auf jeden Fall lange Stricke zum Training - 3-4 m ist nicht zu lang.)

Das Fohlen wird das Gefühl haben, Sie laufen weg, und zu traben beginnen. Tut es das, dann werden sie allmählich langsamer, und wenn es zu Ihnen aufschließt, loben und streicheln Sie es. Ab und zu ist eine Belohnung durch Leckerbissen wirksam beim Training von Pferden, aber es ist nicht notwendig. Pferde suchen als Herdentiere - wie Hunde, Menschen, Delphine, Hühner, Tauben, Affen, Wale, Antilopen und viele andere Spezies - nach Bestätigung. Deshalb ist Lob so wirkungsvoll, um ein erwünschtes Verhalten bei Herdentieren zu fördern, während Einzelgänger wie Katzen und Bären besser auf Futter ansprechen als auf Lob.

Durch das Mitlaufen als Handpferd wird ein Fohlen auch an den Reiter über ihm gewöhnt und daran, daß dieser seine Ohren berührt und seinen Rücken streichelt. All das wird sich auszahlen, wenn der Junghengst alt genug ist, um eingeritten zu werden.

13 DIE BASIS FÜR DEN LEISTUNGSSPORT

Ich stehe über dem Fohlen und schwinge ein Seil, um es an diesen Reiz zu gewöhnen.

Da die kritischen Lernperioden bei frühreifen Spezies, wie dem Pferd, unmittelbar nach der Geburt einsetzen, kann man daraus schließen, daß auch bestimmte Grundelemente für den Leistungssport während der ersten Lebenswoche effektiv gelehrt werden können. Diese Dinge können dann sogar in kürzerer Zeit und mit größerer Nachhaltigkeit trainiert werden, als zu irgendeinem späteren Zeitpunkt.

Zukünftige Springpferde - Zusätzlich zu den Übungen, die bereits genannt wurden, können auch sehr junge Fohlen in ein paar Minuten lernen, über Hindernisse zu springen: Teilen Sie ihren Reitplatz mit der Hilfe von niedrigen Stangen oder Bohlen in zwei Hälften. Reiten oder führen Sie dann die Stute über das teilende Element in die hintere Hälfte des Rings. Das Fohlen, getrennt von der Stute, wird mit Aufregung reagieren. Es wird vielleicht anfänglich vor dem „Zaun" stehen bleiben, aber schließlich wird es darüber springen. Lassen Sie das Fohlen bei der Mutter, und wiederholen Sie dann die Lektion in die andere Richtung. Wiederholen Sie das bis das Fohlen leicht, und ohne zu zögern über das Hindernis springt. Damit ist es genug für den ersten Tag.

Am nächsten oder übernächsten Tag sollten Sie die Lektion wiederholen und dabei die Barriere um ein paar Zentimeter erhöhen. Nach wenigen Lektionen wird das Fohlen leicht über ein 30-40 Zentimeter hohes Hindernis springen. Entmutigen Sie es nicht durch ein Hindernis, welches zu hoch ist (zu hohe Sprünge können auch eine zu große Belastung für die unreifen Knochen, Sehnen und Gelenke bedeuten).

Zu diesem Zeitpunkt ist Höhe auch nicht wichtig. Wir wollen, daß das Fohlen Selbstvertrauen bekommt, also machen Sie es ihm leicht. Nachdem es seine 30-40 Zentimeter springt, ersetzen sie die Stange durch einen Baumstamm. Somit hat das Fohlen die Grundzüge des Springsports gelernt, die es nie wieder vergessen wird.

Junge Fohlen schließen sich bald an Kälber an, wenn sie gemeinsam gehalten werden.

Wenn das Fohlen älter ist, wird es keine Angst vor dem Rope haben, wie diese zwei Fotos zeigen.

Zukünftige Westernpferde - Gewöhnen Sie das Fohlen an den Anblick von Rindern. Stute und Fohlen können neben Rindern auf die Weide gestellt werden, sie können auch, noch besser, mit Rindern zusammengestellt werden, wenn Sie sicher sind, daß diese harmlos sind. Ein Kalb, das an das Halfter gewöhnt ist, kann auch neben einem Fohlen angebunden werden. Junge Fohlen schließen sich auch an Kälber an, wenn sie zusammen gehalten werden. Das Fohlen soll lernen, keine Angst vor Rindern zu haben und sich an ihren Geruch und ihr Aussehen gewöhnen.

Stellen Sie sich auf die Seite oder direkt über das halfterführige Fohlen, und schwingen Sie ein Rope über seinem Kopf, bis es sich an diesen Stimulus gewöhnt hat. Ist das Fohlen prägetrainiert worden, so wie es in den vorausgehenden Kapiteln beschrieben ist, dann sollte es nicht mehr als eine Minute dauern, um es gegenüber dem wirbelnden Rope zu desensibilisieren.

Fahrsport - Hat das Fohlen gelernt, sich wie beschrieben führen zu lassen, kann man Fahrleinen an den Halfterringen der Backenstücke befestigen und das Fohlen „fahren", während man hinter ihm her geht. Natürlich ist das nicht notwendig, aber es unterstreicht die Tatsache, daß man Fohlen alles beibringen kann, und je früher sie etwas lernen, um so schneller geht es, und um so länger behalten sie es in Erinnerung.

Dressur - Eine Menge der Grundprinzipien der Dressur sind in den bereits erklärten Trainingsprozeduren enthalten. Ein wochenaltes Fohlen ist auf dem Weg zum Dressurpferd,

Früher oder später muß heute beinahe jedes Pferd das Verladen lernen. Warum also sollte man es nicht gleich dem Fohlen beibringen?

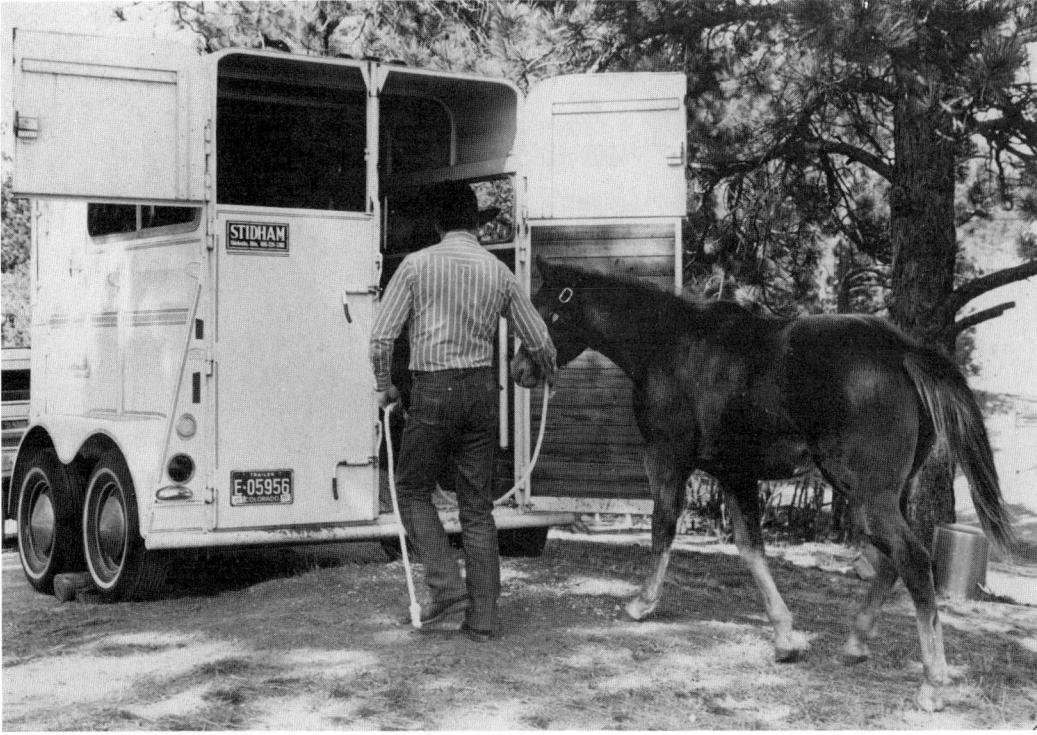

Man kann Pferden jeden Alters das Verladen und Transportiertwerden beibringen. Je eher, um so besser. Dieser elf Monate alte Junghengst hat seine Prüfung bestanden und marschiert ohne zu zögern in den Hänger.

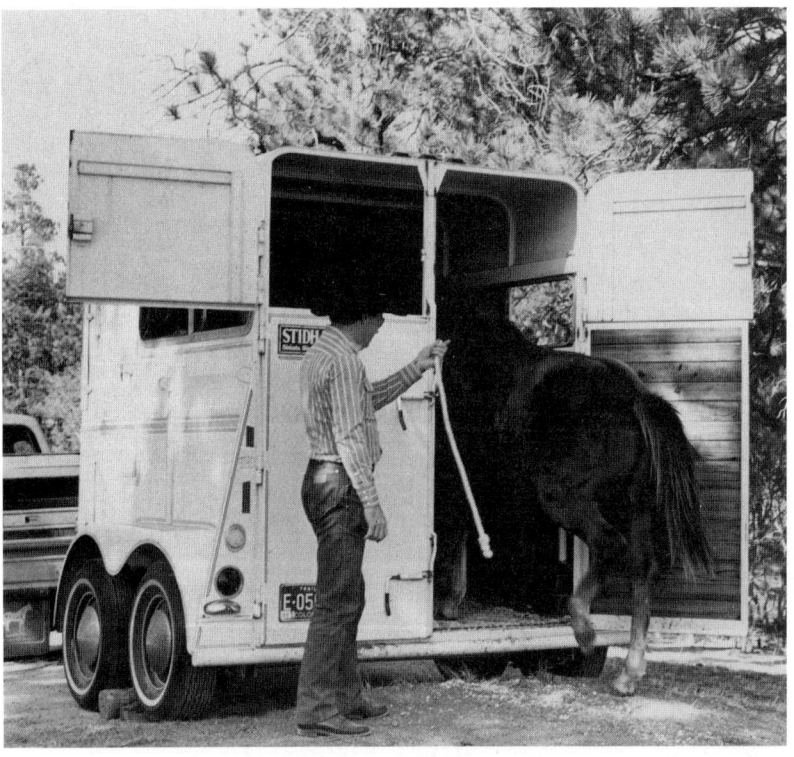

wenn es sich locker in jeder Gangart in jede Richtung führen läßt, ruhig stehen bleibt, rückwärts tritt, auf sanften Druck hin auf der Vorhand und Hinterhand wendet und sich in Versammlung mit der Hinterhand unter dem Körper und im Genick nachgebend bewegen kann.

Darüberhinaus bin ich überzeugt, daß auch fortgeschrittene Dressurbewegungen einem Fohlen beigebracht werden können, obwohl ich es selbst nie versucht habe, da ich nicht das nötige Können dafür habe. Aber der legendäre kalifornische Trainer Jimmy Williams bringt Jungpferden die Piaffe auf einem Laufband bei, bevor sie geritten werden. Ich habe keine Zweifel, daß dies auch ein zwei Wochen altes Fohlen lernen kann, aber ich stelle in Frage, ob es überhaupt sinnvoll wäre.

Sicherlich kann man Fohlen das Longieren beibringen. Ich habe sogar wenige Wochen alten Maultieren das Longieren beigebracht. Bedenken Sie dabei aber, daß zuviel Longieren eine starke Belastung der jungen Knochen und Gelenke bedeutet.

Alle Pferde - Alle Pferde werden von den beschriebenen Trainingsmethoden profitieren, egal ob sie schließlich als Spring-, Western-, Fahr- oder Dressurpferde eingesetzt werden. Vielseitigkeit ist eine hochgeschätzte Eigenschaft bei jedem Pferd.

Eine Sache, die für jedes Pferd im 20. Jahrhundert selbstverständlich sein sollte, ist der ruhige und problemlose Transport in einem Anhänger. Wahrscheinlich gibt es nichts, das Pferdebesitzern mehr Kummer und Frustration bereitet und mehr Pferde verletzt oder tötet, als der Transport im Anhänger. Manche Leute ge-

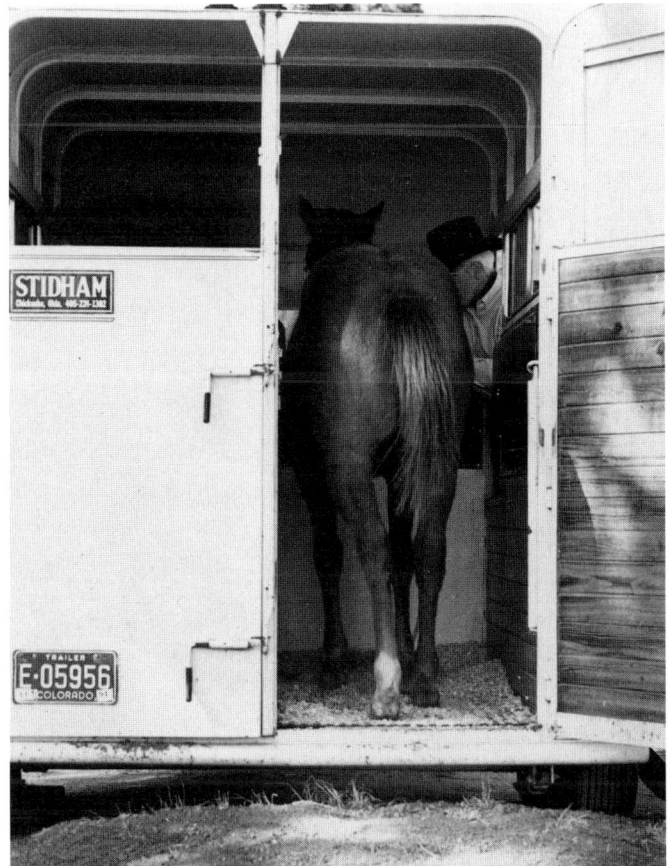

Jetzt macht es sich bezahlt, daß dieser neun Monate alte Junghengst schon früh gelernt hat, rückwärts zu gehen. Mit einer Person vor ihm tritt er problemlos rückwärts aus dem Hänger. Beachten Sie, daß der Untergrund hinter dem Hänger erhöht wurde, so daß die Fohlen keinen zu großen Schritt nach oben oder unten machen müssen. So lernen sie das Verladen leichter.

raten außer sich, das geht bis zur Mißhandlung der Pferde, deren Einstellung zum Hängertransport dann natürlich ruiniert ist.

Man kann Pferden jeden Alters das Verladen und ruhiges Verhalten während des Transportes beibringen (sogar wenn ein Pferd Hänger haßt, und Angst vor ihnen hat, kann ein kompetenter Pferdemann das wieder in Ordnung bringen).

Aber warum sollte man warten? Früher oder später muß beinahe jedes moderne Pferd sich an den Transport gewöhnen. Warum also soll man es ihm nicht als Fohlen beibringen?

Stellen Sie die Stute auf eine Seite des Hängers und das Fohlen auf die andere. Wenn beide ruhig sind, dann machen Sie eine kurze, langsame Fahrt mit ihnen. Wiederholen Sie so eine Fahrt drei oder vier Mal bevor das Fohlen zwei Wochen alt ist. Geschafft! Das Fohlen hat gelernt, daß es den lauten, schüttelnden Käfig nicht zu fürchten braucht (beachten Sie: junge Fohlen sollten nicht im Hänger festgebunden werden).

Eine andere Möglichkeit ist, den Hänger in einem Pferch zu parken. Lassen Sie ihn entweder am Fahrzeug angehängt, oder stützen Sie ihn ab, sodaß er sicher und stabil steht. Falls es ein Hänger ohne Rampe (Ladeklappe) ist, was ich für sicherer halte und die Stufe zu hoch für

das Fohlen ist, müssen Sie ein Loch für die Reifen graben, um den Boden des Hängers tiefer zu bringen. Arretieren Sie die Türen so, daß sie offen bleiben, und schließen Sie die vorderen Türen. Stellen Sie Stute und Fohlen in den Pferch. Das Fohlen sollte schon mindestens einen Monat alt sein, alt genug, um feste Nahrung zu sich zu nehmen.

Schütten Sie das Pferdefutter hinten auf den Boden des Hängers. Jeden Tag können Sie das Futter ein Stückchen weiter nach vorne schieben. Nach zehn oder fünfzehn Tagen werden Stute und Fohlen dann jedesmal, wenn sie etwas fressen möchten, in den Hänger hinein und hinaus gehen und keine Angst mehr davor haben. Obwohl diese Methode am besten mit einem Viehanhänger funktioniert, kann man auch einen Doppelhänger dazu benutzen.

Eine Vorsichtsmaßnahme: Falls sich das Fohlen in Nähe des Hängers hinlegt und ein Bein unter Hänger oder Rampe gerät, kann es sich beim Versuch aufzustehen verletzen. Deshalb sollte man solche Lücken mit Brettern oder ähnlichem schließen.

113

14 BEKRÄFTIGUNG DER RICHTIGEN REAKTIONEN

Durch Bekräftigung wird das Erlernte bewahrt und perfektioniert.

Ich habe in diesem Buch immer wieder betont, daß das Training von neugeborenen Fohlen während der frühen Präge- und Lernphasen vorteilhaft ist, weil sie zu diesem Zeitpunkt sehr schnell lernen und das Gelernte nicht mehr vergessen. Das ist wahr, heißt aber nicht, daß man nicht ab und zu auffrischende und bekräftigende Lektionen abhalten sollte. Dadurch wird nicht nur das einmal Gelernte bewahrt, sondern auch perfektioniert.

Die Lektionen müssen nicht sehr oft wiederholt werden. Tatsächlich glaube ich, daß man es auch übertreiben kann. Wenn einmal alle hier beschriebenen Lektionen duchgegangen wurden und das Fohlen ein paar Wochen alt ist, dann sollte eine wöchentliche Trainingslektion von 15 - 30 Minuten ausreichen. Im allgemeinen können wir alle Maßnahmen in drei Kategorien einteilen: Prägung, Desensibilisierung und Sensibilisierung. Ich möchte diese drei jetzt einzeln behandeln.

Prägung

Pferde jeden Alters prägen sich als Herdentiere auf fast jedes Lebewesen, das mit ihnen lebt;

Wenn sich Pferde aneinander binden, bekräftigen sie diese Bindung durch soziale Hautpflege.
Foto von William Roberts

Pferde jeden Alters werden mit fast jedem Lebewesen, mit dem sie leben, eine Bindung einge- hen. Hier genießen ein Fohlen und eine Ziege ge- meinsam ein paar Son- nenstrahlen.

Foto von Jean Latimer

dazu gehören Hunde, Katzen, Ziegen, Kinder oder Erwachsene.

Wenn Aggression aufkommt, kommt das da- her, daß die Frage der Rangordnung nicht ganz geklärt ist. Ist genug Platz zum Rückzug vor- handen, dann wird das untergeordnete Indivi- duum zurückweichen und eine körperliche Konfrontation mit dem dominanten Individu- um vermeiden.

Für ein Pferd kann ein Mensch „Ersatzpferd" sein, und es kann eine Beziehung zu ihm auf- bauen. Andersherum können Pferde zum „Ersatzmenschen" werden, und das geschieht oft in Mensch-Pferd-Beziehungen, so wie es auch mit anderen Haustieren vorkommt.

Wenn ein neugeborenes Fohlen von einem Menschen geprägt wird, dann entsteht eine be- sondere Bindung zwischen den beiden, ähnlich der Mutter-Kind-Bindung. Das neugeborene Fohlen wird dem Trainer wie seiner eigenen Mutter Vertrauen, Respekt und Liebe entgegen- bringen und den Wunsch haben, ihm zu folgen. Das ist die ideale Einstellung für ein Pferd uns gegenüber, denn trotz des Vertrauens ist sie auch von Achtung geprägt. Das schafft eine un- tergebene Haltung, welche die beste Vorausset- zung für nachfolgendes Training ist.

Mit dem Erwachsenwerden ändert sich diese Bindung. Genauso wie das Fohlen aufwächst und irgendwann in seiner Mutter nur noch ein anderes Pferd sieht, was auf Gegenseitigkeit be- ruht, so sieht das prägungstrainierte Fohlen in seinem Trainer dann irgendeinen Menschen und nicht mehr die „Mutter". Es kann eine in- tensive Bindung zu diesem Menschen haben, aber das ist nicht mehr die Mutter-Kind-Bezie- hung. Wenn das ganze Training korrekt durch- geführt wurde, hoffen wir, daß es die Bindung zwischen einem Herdenführer und einem der beeinflußbaren, untergebenen Herdenmitglie- der ist.

Dieses Fohlen macht die Bekanntschaft des Familienhundes. **Foto Jana Dougherty**

Es ist vorteilhaft, neu- geborene Fohlen während der ersten kritischen Präge- und Lernphasen zu trainieren.

Hier ist eine Serie von Fotos, auf denen ich die Reaktionen eines Maultierfohlens bekräftige. Auf diesem Foto ist das Fohlen an den Zaun gebunden, während ich es aussacke. Es ist vollkommen gegenüber der Decke desensibilisiert.

Um einen menschlichen Vergleich anzubringen: Die Mutter-Kind-Beziehung wird durch eine Beziehung, ähnlich der zwischen einem Herrn und seinem gehorsamen, aufschauenden Diener, ersetzt. Sind die beiden Partner? In gewissem Sinne, ja. Es ist Partnerschaft, wenn ein Mensch und ein Pferd gemeinsam eine Geländeprüfung meistern oder wenn ein Mensch und sein Pferd eine Herde Rinder zusammentreiben. Aber, wir wollen ehrlich sein. Einer ist der Boss. Und das ist hoffentlich der Mensch.

Mit dem fortgeschrittenen Training wird das Band zwischen Pferd und Trainer stärker, vorausgesetzt, der Trainer tut nichts, was der Beziehung schadet. Trainer, die ihre Pferde falsch behandeln, die ihre Selbstbeherrschung verlieren, launisch sind oder ungeduldig und die Pferde mißhandeln, genießen nicht dieselbe Be-

ziehung zu einem Pferd wie andere, besonders wie solche, die mehr können und die Pferde mit Güte, Geduld und Respekt trainieren.

Pferde, die eine Bindung mit anderen Pferden eingehen, bekräftigen diese Beziehung durch gegenseitige Körperpflege. Der Trainer sollte auf ähnliche Weise ab und zu ein paar ruhige Minuten mit seinem Lehrling verbringen. Man kann Widerrist, Hals oder Schweifansatz für eine Weile kraulen. Gemütliche Geländeritte sollten Abwechslung in die Arbeit auf dem Reitplatz bringen. Und eine kurze gemeinsame Pause, sei es in der Bahn oder draußen im Gelände, wirkt sich vorteilhaft aus.

Desensibilisierung

Ein Großteil der Trainingsmaßnahmen unmittelbar nach der Geburt dienen der Desensibilisierung. Ich habe bereits erklärt, wie wir Pferde gegen furchteinflößende Reize, die normalerweise eine Fluchtreaktion auslösen, desensibilisieren; wir nutzen die Wiederholung der Reize, um einen Gewöhnungeffekt zu erreichen, damit das Pferd den Reiz nicht mehr wahrnimmt und so nicht mehr darauf reagiert, ein Technik, die als Flooding (Überfluten) bekannt ist.

Es wurde betont, daß das Wiederholen des Reizes bis nach der Gewöhnung extrem wichtig ist. Wenn man den Reiz wegnimmt, während das Tier immer noch den Wunsch hat, zu entkommen, kann man das Fluchtverhalten noch unterstützen, und das Pferd wird auf diesen Reiz sensibilisiert, anstatt desensibilisiert.

Wenn einmal die Gewöhnung eingetreten ist, gibt es allerdings keinen Grund, den Reiz in folgenden verstärkenden Lektionen ständig zu wiederholen. Wenn wir zum Beispiel eine Ohrmuschel desensibilisiert haben, indem wir einen Finger 30 oder 60 oder 100 Mal hin und herbewegt haben, bis das Fohlen entspannt dasteht und uns ignoriert, dann können wir diese Lektion ein paar Tage oder Wochen später wiederholen. Wir bewegen einfach leicht den Finger im Ohr, so sanft, daß keine Fluchtreaktion ausgelöst wird. Das Fohlen scheint dann zu denken."Hey! Was ist das? Ein Finger in meinem Ohr? Ah ja, ich erinnere mich, das hat er schon gleich nach meiner Geburt gemacht. Es tut nicht weh. Ich werde es einfach ignorieren."

Sobald das Verhalten des Fohlens diese Botschaft aussendet, beenden Sie den Reiz, loben das Pferd und gehen zu etwas anderem über. Es wird jedes Mal leichter werden, und das Pferd wird sich weniger aufregen. Das gleiche Schema ist auf alle anderen Maßnahmen der Desensibilisierung anzuwenden. In einer bekräftigenden Lektion ist es nicht nötig, alles zu wiederholen. Machen sie nach der anfänglichen Lektion kein Ritual daraus.

Lassen Sie mich eine typische Lektion für ein vier Wochen altes Fohlen beschreiben. Nehmen

Auch gegenüber dem Rope ist das Maultierfohlen desensibilisiert und zeigt keine Angst mehr.

Ich teste Maul, Nüstern und Gesicht; alles ist desensibilisiert.

wir an, es wurde anfänglich gründlich prägetrainiert, war aber während der letzten zwei Wochen mit seiner Mutter alleine auf der Koppel. Gehen Sie alleine und ganz ruhig auf der Koppel auf das Fohlen zu. Wenn Sie nah genug sind, daß es Sie erkennen kann, bleiben Sie stehen. Oft wird das Fohlen von allein auf Sie zu kommen. Streicheln Sie seinen Hals und streifen Sie ihm langsam das Halfter über. Binden Sie die Stute an, und dann können Sie mit dem Fohlen an der Seite der Stute arbeiten.

Streichen Sie ein paar Mal mit einer Bürste über den Rücken des Fohlens. Dann heben Sie einen oder zwei Hufe auf und klopfen auf die Sohlen. Nehmen Sie einen Strick oder eine Satteldecke und ziehen Sie ihm damit über den Rücken. Während Sie an seiner Seite stehen, reichen sie mit einer Hand nach hinten unter den Schweif und kraulen es dort. Schieben Sie einen Finger in eine Nüster und in ein Ohr. Dann führen Sie es noch ein wenig herum und lassen es wieder frei.

Das nächste Mal verstärken Sie andere Reize. Wenn Sie bemerken, daß eine Gegend nicht richtig desensibilisiert ist, dann wiederholen Sie die ursprüngliche Prozedur der Desensibilisierung bis die Gewöhnung eintritt. Allerdings sollte das nicht notwendig sein, wenn Sie das erste Mal alles richtig gemacht haben. In einer anderen Lektion können Sie das Fohlen vielleicht verladen oder die Beine abspritzen oder ein paar andere Stellen bearbeiten, die Sie das letzte Mal ausgelassen haben.

Sensibilisierung

Abwechselnd mit der Bekräftigung der Desensibilisierung sollten wir auch manchmal kurze Lektionen zur Weiterentwicklung der Sensibilisierung einlegen. Auch hier wiederholen wir wieder die ursprünglichen Maßnahmen, vielleicht nochmals, um die Reaktion zu verbessern. Wenn das gelingt, hören Sie sofort auf. Unterbrechung bedeutet Belohnung, und es hilft, beim Pferd die gewünschte Reaktion zu fixieren und zu verbessern.

Denken Sie daran, daß wir ursprünglich das Fohlen auf bestimmte Reize sensibilisiert haben. Durch Aufforderung zum Ausweichverhalten haben wir das Fohlen auf Halfterdruck sensibilisiert, so daß es sich jetzt führen und anbinden läßt. Es ist darauf geprägt, uns zu folgen; daher brauchen wir nicht unbedingt den Halfterdruck, um es dazu zu bringen. Es folgt uns schon, bevor es den Druck verspürt. Wir nutzen ihn nur als Notreserve, falls wir auf unser Signal keine Reaktion bekommen.

Ähnlich können wir die Hinterhand kontrollieren. Nur durch das Berühren der Flanke wird sich die Hinterhand seitlich in die andere Richtung bewegen. Wir haben das Fohlen auch dar-

Mit fortschreitendem Training wird die Bindung zwischen Pferd und Trainer immer stärker. Dieses junge Pferd hier wird nur mit einem Halfter geritten. Die Arbeit in der Bahn wird mit Geländeritten abgewechselt.

auf konditioniert, auf Befehl rückwärts oder vorwärts zu treten.

Jetzt ist es an der Zeit, alle diese Reaktionen zu verbessern. Wir müssen nicht alle ausführen und können sie auch mit den vorherigen Maßnahmen kombinieren. Zum Beispiel sind wir dem Fohlen auf der Koppel ruhig begegnet und haben ihm das Halfter übergestreift. Damit haben wir eine Desensibilisierungsmaßnahme verstärkt. Dann können wir es nach links, nach rechts und wieder nach links führen. Wir lassen es ein paar Schritte rückwärts gehen. Damit verstärken wir Maßnahmen der Sensibilisierung. Lassen Sie die Hinterhand ein wenig nach links weichen. Gut so! Nun noch ein kleines Stück.

Jedes Mal bekräftigen und verbessern wir die Reaktion, die inzwischen automatisch kommt.

Durch Bewegung kann das Pferd der Gefahr entfliehen. Bei der Sensibilisierung ermuntern wir die Bewegung in eine gewünschte Richtung, bis diese Bewegung zu einer automatischen Reaktion auf ein bestimmtes Signal wird. Durch das Bestimmen der Fluchtrichtung kann man Pferde für Rennen, Cutting, Springen oder andere Manöver trainieren.

15 PROBLEME VERMEIDEN VON ANFANG AN

**Prägungstrainierte
Fohlen geben gute
Patienten ab.**

Als ich Anfang der 70er Jahre begann, mich für das Training von Babyfohlen einzusetzen, gab es nur wenige Leutc, die für diese Idee ansprechbar waren. Ich demonstrierte die Techniken an den Fohlen meiner Klienten und verlangte kein Geld dafür. Zugegeben, ich hatte auch ein eigennütziges Motiv: die pägungstrainierten Fohlen geben immer gute Patienten ab. Es ist für den Tierarzt viel leichter, mit ihnen zu arbeiten. Diese Fohlen, mit denen ich zur De-

monstration arbeitete, entwickelten sich immer zu guten Patienten.

Trotzdem wollte die Mehrzahl meiner Kunden diese Techniken nicht in ihr Trainingsprogramm aufnehmen. Sie schienen interessiert und sogar beeindruckt von meiner Methode, aber im nächsten Jahr waren ihre Fohlen so wild und ängstlich wie immer.

Wenn ich sie fragte, warum sie die demonstrierten Techniken nicht anwenden wollten,

Setzen oder knieen Sie sich hin, wenn Sie ein Fohlen ermutigen möchten, zu Ihnen zu kommen. So erscheinen Sie weniger furchterregend.

meinten sie, "Wir haben einfach nicht die nötige Zeit" oder „Wir haben es noch nie so gemacht" oder „Ich kann mich nicht genau erinnern, wie Sie es gemacht haben".

Also drehten wir 1985 einen Videofilm mit dem Titel „Prägungstraining des Fohlens". Ich zeigte den Film meinen Kunden und begann, ihn für Seminare zu nutzen; von da an wurde das weltweite Interesse für meine Techniken geweckt. In meiner eigenen Praxis war ein Großteil der Fohlen einfacher zu behandeln, weil vie-

le Farmen begannen, jedes neugeborene Fohlen zu trainieren. Diese Fohlen konnte ich sofort erkennen, sobald ich begann, mit ihnen zu arbeiten, und das war meistens beim Impfen und Entwurmen, im Alter von zwei bis drei Monaten. Ihr Verhalten war deutlich anders als das der Fohlen, mit denen wie üblich umgegangen worden war.

In den darauffolgenden Jahren bekam ich Berichte aus aller Welt, die durchgehend erfolgreiche Resultate mit Fohlen aller Rassen beschrieben. Die immer wiederkehrende Frage nach einem Buch zu diesem Thema führte zu dem Werk, das Sie gerade lesen.

Ich bekam allerdings auch ein paar Berichte über negative Resultate, und es gibt einige Leute, die mir ihre Befürchtungen schrieben, schlechte Resultate zu bekommen. Diese Befürchtungen möchte ich jetzt ansprechen.

Ich zeigte diesen Videofilm einigen Kunden meiner Praxis, der „Conejo Valley Tierklinik" in Thousand Oaks in Kalifornien, auf einem Seminar für Pferdebesitzer. Wie schon gesagt, viele der Teilnehmer übernahmen dann die Techniken, die ich mit so geringem Erfolg über fünfzehn Jahre vertreten hatte. Ich weiß nicht, warum der Videofilm der Wendepunkt war. Vielleicht sind die Maßnahmen auf einem Video deutlicher zu erkennen als bei einer Live Demonstration.

Vielleicht ist auch das wiederholte Sehen der Technik auf dem Video ein besseres Lehrmittel. Wiederholung ist einer der Schlüssel für das Lernen. Ich habe dieselbe Lehrmethode in diesem Buch angewandt. Vielleicht hat auch das Fernsehen in unserer Kultur unsere Lernfähigkeit beeinflußt und ist zum wirkungsvolleren Lehrmittel geworden. Auf jeden Fall wurde die Idee aufgenommen, und im nächsten Frühjahr wurde sie unter meinen Kunden weitgehend praktiziert.

Dann riefen mich zwei dieser Kundinnen an. Eine war eine Profi-Trainerin mit einem einmonatigen Quarter Horse-Hengstfohlen. Die andere war Pferdebesitzerin mit einem einmonatigen Vollblutfohlen. Beide erklärten mir, sie hätten die Trainingsprozedur genau so vorgenommen, wie ich sie in meinem Video gezeigt hatte. Aber in beiden Fällen hatten sich die Fohlen zu Außenseitern entwickelt, mit denen man nichts anfangen konnte, die sich nicht einmal mehr berühren ließen.

Was war schief gelaufen? Ich brauchte eine Weile, um das herauszufinden. Diese Fohlen waren beide äußerst dominante Hengstfohlen. Die Trainerinnen hatten sich nicht genug Zeit genommen. In meinem Film betone ich wiederholt, daß bei den meisten Fohlen zwar nach ungefähr 30 Reizwiederholungen die Gewöhnung eintritt, daß der Reiz aber wiederholt werden muß bis zur Gewöhnung, egal wie viele Wiederholungen dazu benötigt werden.

Die beiden Pferdebesitzer hatten jedesmal nach 30 Wiederholungen aufgehört, obwohl das Fohlen immer noch kämpfte, um dem Reiz zu entkommen. Anstatt die Fohlen zu desensibilisieren, hatten sie sie sensibilisiert, und jetzt ließen sich die Fohlen nicht mehr anfassen.

Wir banden die Beine dieser Fohlen zusammen, während sie auf dem Boden lagen, und ich ließ die Besitzer das ursprüngliche Trainingsritual wiederholen und dabei jeden Reiz 100 Mal wiederholen. Als die Fohlen schließlich aufstehen durften, waren sie brav und ergeben.

Deshalb ist es wirklich wichtig, bei dieser Art von Gewöhnung bei einem Pferd jeden Alters, den Stimulus so lange zu wiederholen, bis die Angst völlig verschwunden ist, sonst können Sie ihnen mehr schaden, als Gutes tun.

Die unbegründete Angst vor schlechten Resultaten hat andere Pferdebesitzer von einem Trainingsversuch abgehalten. Befürchtungen wurden von erfahrenen Pferdeleuten ausgesprochen; das waren immer ältere Männer, was eine Rolle spielen kann, aber nicht muß.

Diese Leute befürchten, daß ein Fohlen, welches auf diese Weise trainiert wurde, als verwöhntes Streicheltier und ohne Respekt für den Menschen aufwachsen wird. Es wird die Leute beißen, und oft wird angenommen, daß es faul und unbrauchbar für die Rennbahn oder für Reitwettbewerbe wie Reining oder Roping sein wird.

Es ist wahr, daß Babyfohlen, die gehätschelt, gestreichelt und von Hand gefüttert werden, sich oft zu verwöhnten Streicheltieren entwickeln, aber das kommt nicht vom frühen Training. Es kommt durch falsches Training. Ein Beispiel: Sie sollten nie dulden, daß ein Fohlen an ihren Fingern saugt oder knabbert oder an Ihren Hemdknöpfen, denn das kann zu späterem Beißen führen.

Wenn das Fohlen größer wird, bringe ich ihm bei, meine „Privatzone" zu respektieren, mir aus dem Weg zu gehen und Abstand zu halten. Sonst könnte das Fohlen vielleicht versuchen, wenn es Angst bekommt, auf meinen Schoß zu klettern oder auf mich draufzuspringen. Das ist es, was die Oldtimer mit dem verzogenen Streicheltier meinen.

Das Training, welches ich in diesem Buch beschrieben habe, macht aus Pferdekindern freundliche Fohlen, aber keine verzogenen Foh-

Das Fohlen überprüft neugierig den Futtertrog, um zu sehen, ob er eßbar ist.

len. Sie sind reaktionsbereit, untergeordnet und folgsam. Ein braves, gut reagierendes, ergebenes, folgsames und gut erzogenes Fohlen ist nicht verdorben.

Ich versuche, den Fohlen beizubringen, sich nicht vor harmlosen Dingen zu fürchten, egal wie furchteinflößend sie scheinen mögen. Sie lernen, auf bestimmte Signale zu reagieren: Sie lassen sich führen, anbinden, rückwärtsrichten und wenden auf der Vorhand und der Hinterhand. Ich versuche, ihnen gute Manieren beizubringen. Ich lehre sie die folgenden Grundsätze:

„Ich darf dich berühren, aber du darfst mich nicht berühren."

„Ich darf meine Hand in dein Maul stecken, aber dein Maul hat bei mir nichts verloren."

„Ich darf deine Hufe berühren, aber deine Hufe dürfen mich nie berühren."

„Ich darf dein Gesicht streicheln, aber du darfst nie deinen Kopf an mir reiben."

„Ich darf auf deinen Rücken und überall auf dir herumklettern, aber du darfst das nie mit mir tun."

Der Unterschied zwischen „brav" und „verzogen" ist groß. Das Problem ist, daß viele Menschen nur zwei mögliche Extreme für die Beziehung des Pferdes zum Menschen sehen. Auf der einen Seite sehen sie Verachtung und auf der anderen Angst. Es existiert aber auch etwas dazwischen, und das ist das Verhältnis, nach dem man streben sollte. Es wird Respekt genannt. Respekt mit Vertrauen. Das kann man bei einem neugeborenen Fohlen erreichen durch die verhaltensprägenden Maßnahmen, die ich beschrieben habe.

Trotzdem gibt es Fälle, wo ein Fohlen bestraft werden muß, um unerwünschtes Verhalten, wie Knabbern oder Beißen zu unterdrükken. Aber bedenken Sie, daß Fohlen von Natur aus neugierig sind, und daß Knabbern oder Ankauen ihre Art ist, Dinge zu untersuchen - genau wie ein menschliches Baby alles in den Mund steckt.

Das in diesem Buch
beschriebene Training
erzieht brave Fohlen.

Dafür sollte man ein Fohlen nicht bestrafen, darum ist die beste Lösung, sich so zu verhalten, daß das Fohlen die Knöpfe, Hemdsärmel oder was auch immer erst gar nicht beknabbern kann.

Wenn ein Fohlen tatsächlich zubeißt, dann wird es ein unmittelbarer Klaps auf die Nase lehren, das nicht noch einmal zu versuchen. Aber der Klaps muß sofort kommen, nicht 30 oder 60 Sekunden später. Und ein Klaps ist absolut ausreichend. Erfolgt der aber nicht sofort, dann lernt das Fohlen nur, zuzubeißen und dann schnell auszuweichen.

Um ein unerwünschtes Verhalten auszulöschen, sollte die Bestrafung idealerweise gleichzeitig mit dem Verhalten erfolgen oder zumindest so schnell, daß es fast gleichzeitig ist.

Das Auslöschen einer unerwünschten Verhaltensweise, besonders wenn diese zur Gewohnheit wurde, durch einen negativen (schmerzhaften und/oder angsterregenden) Stimulus nennt man Gegenkonditionierung. Bei Pferden ist das äußerst effektiv (in meinem Video „Die Psyche des Pferdes“ demonstriere ich mehrere Beispiele der Gegenkonditionierung).

Wie bereite erwähnt, ist ein einziger Klaps ausreichend. Wiederholte Bestrafung wird das Pferd nur kopfscheu machen, und nach dem ersten Klaps wird das Fohlen nicht mehr wissen, warum es bestraft wird.

Bei ganz jungen Fohlen ist es am besten, sie vom Beknabbern und Beißen abzuhalten, indem man sofort mit dem Finger gegen die Nase des Fohlens schnipst, wenn es mit dem Maul ankommt. Denken Sie daran, wir wollen dem Fohlen beibringen, daß wir es berühren dürfen, es uns aber nicht. Wir können seine Lippen, Nase oder Maul berühren, aber es darf uns damit nicht berühren. Das sind schlechte Manieren für ein Fohlen.

Ich sehe in die andere Richtung und schnippe hart mit dem Finger gegen die Nase des Fohlens, ohne den Arm oder die Hand zu bewegen. Ich möchte nicht, daß das Fohlen Angst vor mir hat. Indem ich wegschaue, wenn ich das überraschte Fohlen bestrafe, bekommt es keine Angst vor mir. Es hat sich selbst bestraft für ein Verhalten, das ich nicht wünsche.

Bedenken Sie auch, daß Fohlen oft aus reinem Übermut ausschlagen. Sie wollen damit normalerweise niemandem wehtun, sie freuen sich nur ihres Lebens. Mein Rat: Bleiben Sie in sicherer Entfernung von einem freilaufenden Fohlen, das übermütig spielt.

Wenn Sie ein Fohlen am Führstrick haben, dann bleiben Sie von seinem Hinterteil weg, so daß es nicht nach Ihnen schlagen kann. Falls es jedoch nach Ihnen schlägt oder mit dem Vorderbein ausholt, dann ziehen Sie ihm sofort mit dem Führstrick eins über. Einmal, und das müßte ausreichen.

Bei einem Fohlen mit ausgeprägter Neigung zum Ausschlagen ist eine Gerte wirkungsvoller als ein Führstrick. Eine Gerte dient als Verlängerung der Hand und sollte ungefähr 120 cm lang sein. Eine Dressurgerte ist ideal. Genau wie das Knabbern und Beißen, sollte das Ausschlagen durch einen sofortigen, einzigen, scharfen Hieb mit der Gerte bestraft werden.

Angenommen, das Fohlen ist lose im Stall oder auf der Koppel, Sie versuchen, es einzufangen, und es dreht Ihnen immer wieder seine Hinterseite zu. Sie werden zu Recht annehmen, daß es nach Ihnen ausschlagen könnte, wenn Sie zu nahe kommen.

Aber Fohlen, und Pferde jeden Alters, können auch lernen, sich Ihnen respektvoll zuzuwenden. Das erreichen Sie, indem Sie das Fohlen belohnen, wenn es sich Ihnen zuwendet, durch Einnehmen einer passiven, unbedrohlichen Haltung und indem Sie einen Schritt zurücktreten und es dabei anschauen. Wenn das Fohlen Ihnen sein Hinterteil zudreht, nehmen Sie eine bedrohliche Haltung ein und nähern sich ihm. Verstärken Sie Ihre Drohung, indem Sie mit einem Strick oder einer Gerte winken.

Dies muß in einem geschlossenen Bereich stattfinden. Sofort, wenn das Fohlen auch nur die kleinste Drehung in Ihre Richtung macht, belohnen Sie es, indem Sie eine passive Haltung einnehmen und einen Schritt rückwärts gehen. Wenn Sie das richtig machen, funktioniert diese Technik immer. Mit kleinen Abweichungen ist es dieselbe Technik, die Pat Parelli, Ray Hunt und viele andere gute Horsemen benutzen, um einem Pferd beizubringen, sie anzusehen und auf sie zuzugehen.

Ich möchte betonen, daß das nicht zu meinem normalen Trainingprogramm für Babyfohlen gehört. Prägetrainierte Fohlen gehen meistens respektvoll auf Menschen zu. Hat aber ein Fohlen kein Prägetraining genossen, und ist es wirklich scheu oder dominant, dann braucht es vielleicht diese Art von Training.

Fohlen, die Prägungstraining
genossen haben, gehen
normalerweise respektvoll
auf Menschen zu.

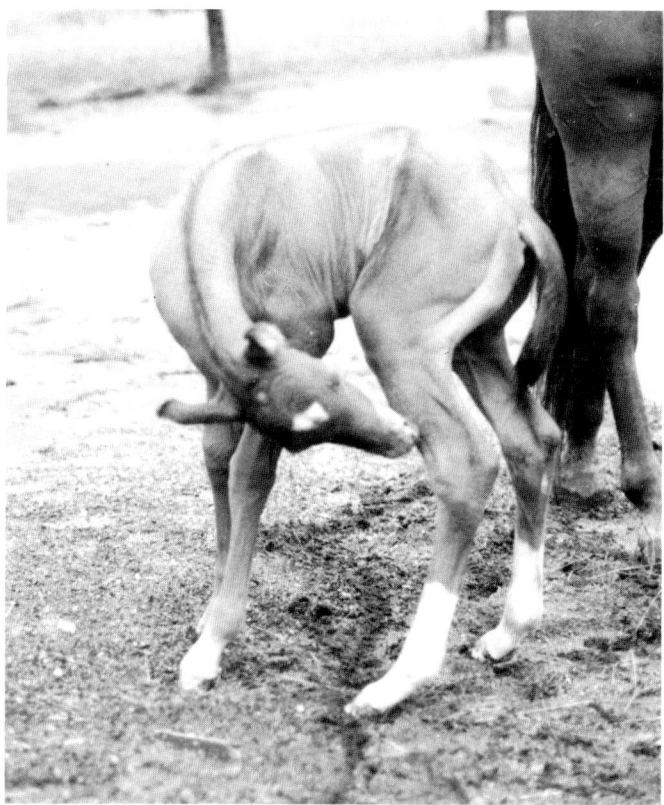

16 DAS RENNPFERD

Zwei Erfahrungen in meinem Leben haben mich gelehrt, daß es ein Fehler ist, Rennpferde nicht ordentlich auszubilden.

Von allen Pferdeleuten, die gegen meine Methoden waren, haben die Rennsportleute sich immer am ablehnendsten verhalten. Es gibt einen vorherrschenden Glauben in Nordamerika, daß ein junges Pferd, welches gut erzogen und gehorsam ist, nicht gut rennen kann. Diese falsche Annahme ist der Grund, warum die meisten jungen amerikanischen Rennpferde so schwer zu handhaben sind. Es ist auch der Grund, warum sich so viele von ihnen verletzen, manchmal sogar tödlich, wenn sie beschlagen oder verarztet werden oder transportiert werden oder wenn sie nicht angebunden stehen bleiben können. Tausende Rennpferde haben Halsverletzungen erlitten und bleibende Koordinationsstörungen, weil ihnen nicht ordentlich beigebracht wurde, am Führstrick zu gehen und angebunden stehenzubleiben. Oder anders gesagt, sie wurden nie richtig halfterführig gemacht.

Zwei Erfahrungen in meinem Leben haben mich gelehrt, daß es ein Fehler ist, Rennpferde nicht ordentlich auszubilden.

In den 40er Jahren arbeitete ich an der Startmaschine der Rillito Rennbahn in Arizona. Ich sah, wie Menschen und Pferde verletzt wurden, weil die Pferde am Start so aufgeregt waren. Ich sah schlechte Starts, wegen denen Rennen verloren und Unfälle verursacht wurden (ein schlechter Start ist besonders bei Kurzstrecken verhängnisvoll, und Rillito war hauptsächlich eine Rennstrecke für Quarter Horses).

In meiner Jugend nahm ich an Roping-Wettbewerben teil. Ein gutes Roping-Pferd (ich habe selbst nie eines besessen, aber viele gesehen) steht ruhig in seiner Box, wie eine Sprungfeder, die darauf wartet, daß das Kalb losgelassen wird. Es startet schneller aus seiner Box, als jeder Vollblüter aus der Startmaschine. Zu der Zeit wurden hauptsächlich Brahma-Kälber beim Roping eingesetzt, welche extrem schnell rennen konnten. Um so ein Kalb einzuholen, ist

Auf Malibu Valley Farms, einem Vollblutgestüt in Kalifornien, wurde jedes Fohlen, das seit 1983 dort auf die Welt kam, prägetrainiert. Aus vielen dieser Fohlen - so wie „African Storm", der hier gerade ein Rennen in Santa Anita (1989) gewinnt - sind erstklassige Rennpferde geworden.

Das ist „Kansas City", noch ein prägungstrainiertes Fohlen der Malibu Valley Farms, welches ein erfolgreiches Rennpferd wurde. Das Sieger-foto wurde 1989 in Hollywood Park gemacht.

ein explosiver Start und sofortige Beschleuni-gung auf Höchstgeschwindigkeit notwendig.

Gute Quarter Horses, beladen mit einem schweren Westernsattel und Reiter, schaffen das in zwei bis drei Sekunden, sogar wenn man dem Kalb einen großzügigen Vorsprung ge-währt. Es ist bedeutungsvoll, daß sie aus dem Stand starten, und die besten zeigen dabei kein verrücktes Gehabe.

Es gibt keinen Grund, warum Rennpferde nicht lernen sollten, ruhig und vernünftig in ei-ne Startmaschine zu gehen, um dann beim Öff-nen der Gatter wie eine Rakete loszustarten. Rodeo-Pferde tun es andauernd.

Rennpferde rennen nicht aus Angst. Sie ren-nen, weil sie rennen wollen. Einige sind physio-logisch und anatomisch dafür gebaut. Wenn ein Rennpferd schnell ist und die anderen Pferde überholen will, dann haben wir einen potentiel-len Sieger. Zappeligkeit und schlechte Manieren haben nichts damit zu tun. Sie schränken die Fähigkeit vieler Rennpferde sogar ein. Die ängstlichen Pferde bleiben lieber in der Mitte der Gruppe, wo sie im Wildleben am sichersten wären. Außerdem hat ein aufgeregtes und ängstliches Pferd seine Energie und seinen Adrenalinschub oft schon verbraucht, bevor es in die Startmaschine kommt.

Jeder, der einmal junge Pferde auf der Weide gesehen hat, weiß, daß sie oft ein begeistertes Wettrennen veranstalten. Jede Tierart hat in der Jugend ein instinktives Spielverhalten, welches auf ererbten Verhaltensmustern basiert, die in der Wildnis das Überleben sichern. Also kauen, beißen und ziehen die Welpen, die Kätzchen schleichen, überfallen, hauen und zerbeißen ih-re Spielsachen. Kleine Kinder schlagen und werfen mit Gegenständen - Aktionen, die für Menschen der Frühzeit lebenswichtig waren.

Pferde sind Beutetiere der Steppe und auf ih-re Schnelligkeit angewiesen, um Gefahren zu entfliehen. Darum lieben es die Fohlen, Wettren-nen in der Gruppe zu veranstalten, denn sie sind im Wildleben Herdentiere. Während des Rennens sieht man sie oft buckeln und ausschla-gen, Aktionen, die ein Raubtier, welches das Pferd einholt, abwehren sollen.

Pferde, die in einer Umgebung aufwachsen, welche ihnen lange Wettrennen mit Alters-genossen möglich macht, sind psychologisch für die Rennbahn vorbereitet. Trotzdem gibt es so-gar in einer Gruppe von Fohlen eine Hierarchie, und manche Fohlen lernen, nicht ganz vorne zu rennen, wo sie den natürlichen Anführer her-ausfordern würden. Stattdessen lernen sie, sich in der Herde zu halten, wo sie sicher sind.

Natürlich rennen manche Fohlen auch des-halb hinterher, weil sie einfach langsamer sind als andere und nicht die nötige Schnelligkeit und Ausdauer haben, um vorne mitzulaufen. Aber nur zum Zweck dieser Argumentation nehmen wir einmal an, daß alle Fohlen gleich schnell sind, und der einzige Unterschied ist ihr *Wunsch*, die Führung zu übernehmen. Wenn wir das annehmen, scheint es, daß ein von Natur aus untergeordnetes Pferd (eher ein Mitläufer als ein Anführer), motiviert werden muß, damit es nach vorne durchstößt. Die Gerte des Jockeys ist, das liegt auf der Hand, eine solche Möglichkeit der Motivation.

Es ist klar, daß der Gebrauch der Gerte gekonnt sein muß - wie und wann sie eingesetzt werden muß, um den Galoppsprung des Pferdes zu verstärken, statt ihn zu behindern. Jeder Jockey weiß, wie er die Gerte einsetzen muß. Warum können dann gewisse Jockeys Pferde dazu bringen, Rennen zu gewinnen, und andere nicht? Ich glaube, das ist eine Fähigkeit, die alle großen Reiter, ob Dressurchampions, Springreiter oder Westernreiter, gemeinsam haben. Zusätzlich zu ihrem offenkundigen Können kommunizieren sie mit den Pferden. Diese Verständigung setzt auch eine bestimmte Einstellung von Seiten des Pferdes voraus, die Bereitschaft, für diese Person alles zu geben, eine Bereitschaft, sich führen zu lassen.

Daraus folgt, daß ein auf den Menschen bezogenes Rennpferd eine bessere Leistung bringen wird als ein Pferd, welches dem Menschen im allgemeinen ängstlich und skeptisch gegenüber steht. Als ich als junger Kerl an der Startmaschine arbeitete, fiel mir auf, daß die ängstlichen Pferde, die ein ungebärdiges und gefährliches Verhalten in der Startbox zeigten, nicht nur schlecht vom Start wegkamen, sondern es auch vorzogen, in der Mitte des Feldes zu rennen. Ich nehme an, sie fühlten sich dort sicherer.

Darum glaube ich, daß Prägungstraining für die Zukunft eines Fohlen auf der Rennbahn eher vorteilhaft ist, als daß es sie behindert.

Als ich mein erstes Prägungstraining - Video drehte, demonstrierte ich meistens an Vollblutfohlen von den Farmen, welche mein Konzept des frühen Trainings annahmen. Eine dieser Farmen hatte zwei Besitzer. Einer von ihnen war Amerikaner, welchen ich auch kannte, und der andere war Ire, ihn hatte ich nie zu Gesicht bekommen. Als wir gerade das Training eines neugeborenen Fohlens filmten, traf zufällig der Ire aus Übersee für einen Besuch seiner Farm ein.

„Was ist hier los?" wollte er wissen. Ich stellte mich vor und erklärte ihm hastig das Konzept meines Trainings, in der Annahme, er würde entsetzt sein über das „Verderben" eines wertvollen Rennpferdfohlens. Ich sagte ihm, daß diese Technik bereits seit zwei Jahren bei allen Fohlen der Farm angewandt wurde, in der Hoffnung, daß er einverstanden sein würde.

„Wissen Sie", sagte ich", „die meisten Leute denken, ein Pferd, das nicht ungebärdig ist, würde nicht gut rennen; aber das ist ein Irrtum."

Er war einen Moment still, und ich machte mir Sorgen, wie seine Reaktion sein würde. Dann sagte er: „Lassen Sie mich berichtigen, Doktor. Die meisten *amerikanischen* Züchter halten an diesem Irrtum fest. Diese Meinung ist nicht weltweit verbreitet. Ich kann Ihnen versichern, daß wir in Irland mit unseren Fohlen von Geburt an arbeiten und ihnen Manieren beibringen. Ich kenne die Vollblutzuchten auf der ganzen Welt, und der Glaube, daß Rennpferde schlechte Manieren haben müssen, um gut zu laufen, habe ich nur in drei Ländern angetroffen: in den USA, Kanada und in Australien. Ihre Bemühungen finden meinen Beifall."

Deutlich erleichtert fragte ich ihn, warum er glaubte, daß ausgerechnet diese drei Länder gegen ein korrektes Training von Fohlen sind.

„Ich weiß es nicht", antwortete er. „Vielleicht ist es ein Ausdruck der Eroberer-Mentalität".

Ich besuchte einmal ein Vollbluttrainingszentrum in Chantilly, Frankreich, und war beeindruckt von der Disziplin und dem guten Benehmen, das junge Pferde dort auf der Bahn zeigten.

Ich denke, es ist eine Ironie, daß die (materiell) wertvollsten Pferde überhaupt, unsere Renn-Vollblüter, durch deren athletische Kraft und Schnelligkeit das Verletzungsrisiko für sie oder die Menschen, die mit ihnen arbeiten, noch größer ist-, daß diese Pferde am seltensten frühes Training genießen.

Gerade weil sie so wertvoll sind, weil sie als Athleten von Natur aus die schnellen Reaktionen, die Schnelligkeit und die Kraft haben, weil sie schon als ganz junge Pferde mit der Aufregung der Rennbahn, des Transportes und des Auktionsrings konfrontiert werden, weil sie oft

In jeder Herde gibt es viele Pferde, die es vorziehen, in der Mitte zu laufen, wo es am sichersten ist. Dies sind Araber von der „Rush Creek Land and Live Stock Company", einem Gestüt in Nebraska. Diese Farm ist bekannt für ihre Zucht von Distanzpferden.

einen Schmied, Tierarzt, Trainer oder Pfleger akzeptieren müssen; gerade weil sie unter diesen Umständen leben, sollten Vollblutfohlen von Geburt an wohlerzogenen werden. Sie sollten auch lernen, keine Angst vor unheimlich wirkenden, aber harmlosen Dingen zu haben. Sie sollten lernen, den Menschen zu respektieren, seinen Signalen zu gehorchen und sich mit ihm anzufreunden.

Vollblutzüchter, die Prägetrainingsmethoden übernommen haben, produzieren Siegerpferde, und die Verletzungsrate von Mensch und Pferd wurde deutlich verringert. Malibu Valley Farms, ein Gestüt in Kalifornien, hat seit acht Jahren (zum Zeitpunkt der amerikanischen Erstauflage dieses Buches) jedes neugeborene Fohlen prägungstrainiert. Sie hatten ihre Siege, sowohl in Nordamerika, als auch in Europa.

Das gleiche kann man von Oakbrook Farm, ebenfalls in Kalifornien, sagen. Sie prägetrainierten jedes Fohlen, das auf ihrer Farm geboren wurde, und brachten erfolgreiche Rennpferde hervor, bis die Farm verkauft wurde.

131

17 MAULTIERE

Die Maßnahmen für des frühe Training von Maultieren gleichen denen, die bei Pferdefohlen angewandt werden.

Maultierfohlen reagiern auf das Prägungstraining genauso gut wie Pferdefohlen. Das Ergebnis ist vielleicht noch dramatischer, weil Maultiere im allgemeinen schwieriger zu trainieren sind als Pferde. Sie sind äußerst schlau, weniger berechenbar, haben einen extremen Verteidigungsinstinkt und verzeihen lange nicht so wie Pferde.

Das Maultier ist ein Mischling, das Resultat einer Kreuzung zwischen einem Eselhengst und einer Pferdestute. Maultiere haben 63 Chromosomen - 31 vom Vater und 32 von der Mutter.

Das einzige offensichtliche Zeichen dieser Ungleichheit ist ihre Unfruchtbarkeit. Mit ganz seltenen Ausnahmen, können sich Maultiere nicht fortpflanzen, obwohl die weiblichen Mulis (Maultiere) einen normalen Zyklus haben und sich decken lassen. Männliche Maultiere sollten frühstmöglich gelegt werden. Ich empfehle eine Kastration bevor sie einen Monat alt sind, und habe sie schon bei einen Tag alten Fohlen vorgenommen. Weibliche Maultiere kann man

Obwohl ich Pferdefohlen immer zuerst das Gehen am Führstrick beibringe, bevor ich sie anbinde, lehre ich Maultierfohlen das Anbinden zuerst. Pferdefohlen werfen sich oft auf den Boden, wenn man sie anbindet, bevor sie halterführig sind, aber Maultierfohlen sind im allgemeinen zu schlau, um das zu tun. Dieses Maultierstutfohlen ist 15 Stunden alt. Ich habe den Führstrick durch den Reifenschlauch gezogen und stehe hinter ihr, damit sie nicht stark zurückziehen kann. Nach zwei Versuchen, rückwärts zu ziehen, lernte sie, dem Halterdruck durch einen Sprung nach vorne auszuweichen.

Als sie gelernt hatte, dem Druck nach vorne zu entkommen, trat ich zur Seite. Sie zog noch einmal nach hinten, und machte dann einen Satz nach vorne.

Das war's! Sie zog nicht mehr zurück. Ich band sie mit einem schnell zu öffnenden Knoten an den Schlauch und beobachtete sie für zehn Minuten.

auch sterilisieren, obwohl die meisten weiblichen Mulis während der Rosse weniger zickig sind als die Pferdestuten.

Die Prozedur für das Training der Maultierfohlen gleicht den Maßnahmen, die ich bei Pferdefohlen beschrieben habe. Wegen ihrer Intelligenz und Kraft können Maultierfohlen - zumindest sind das meine Erfahrungen - schneller und leichter prägetrainiert werden als die meisten Pferdefohlen. Das ist ein glücklicher Zufall,

denn ein schlecht erzogenes oder noch rohes Maultier stellt eine schwere Aufgabe dar.

Ich habe bisher nur einen Maulesel prägetrainiert. Ein Maulesel ist der Nachkomme eines Pferdehengstes und einer Eselin. Es reagierte genau so, wie die Pferde- und Maultierfohlen. Maulesel sind seltener als Maultiere, aus dem einfachen Grund, weil nur wenige Pferdehengste Eselstuten decken, während viele Eselhengste bereit sind, Pferdestuten zu decken.

Dann löste ich den Führ-strick und zog sanft daran.

Sie leistete für einen Moment Widerstand, aber da sie schon gelernt hatte, daß sie dem Druck durch Rückwärtsziehen nicht entkommen kann...

...springt sie vorwärts.
Ich machte eine kleine
Pause, um im ihr Zeit
zum Überlegen zu geben
und wiederholte dann die-
sen Vorgang.

Sie läßt sich führen -
zwar nicht gleichmäßig,
sondern sie machte eine
Reihe kleiner Sprünge
nach vorne. In weniger als
einer Minute ging es glat-
ter, so daß ich sie im
Schritt führen konnte.
Dann ließ ich sie los und
wiederholte die gesamte
Lektion nach drei Tagen.
Dabei benutzte ich ein
Butt Rope, um sie vor-
wärts zu treiben, wenn sie
zögerte. Mit zwölf Tagen
ließ ich sie als Handpferd
neben Stute mitlaufen,
und sie trabte nebenher.

Obwohl Maultiere und Esel oft mit ähnlicher Geschwindigkeit wie Pferde fliehen, rennen sie nicht so blindlings wie Pferde.

Um Maultiere verstehen zu können, muß man einsehen, daß es keine Pferde sind. Sie sind Mischlingsnachkommen von zwei verschiedenen Spezies: dem Pferd und dem Esel. Diese Arten sind zwar verwandt, aber sie sind nicht ein und dasselbe. Im Wildleben ist das Pferd Bewohner der Grasebenen. Sein wichtigstes Überlebensverhalten ist die Flucht. Die meisten Arten von Wildeseln entwickelten sich im Gegensatz dazu in wüstenartigen und felsigen Berggegenden. Eine Ausnahme ist der Somali Wildesel, eine gefährdete Tierart, die normalerweise in Wüstenebenen am Rand der afrikanischen Sahara lebt und die zu großer Schnelligkeit fähig ist.

Wie andere Beutetiere, die in einem bergigen Gelände leben, kann der Wildesel, wenn Gefahr droht, zwischen mehreren Reaktionen wählen. Falls er sich an einer unzugänglichen Stelle befindet, kann er bewegungslos stehenbleiben, da er weiß, daß er da nicht verletzbar ist. Dieser Angewohnheit zu erstarren verdanken Esel und Maultier ihren Ruf als sture Tiere.

Auf der anderen Seite kann der Esel sich für die Flucht entscheiden, so wie das Pferd, und diese Entscheidung kann er fast augenblicklich treffen. Allerdings rennen Esel, obwohl sie oft eine pferdeähnliche Geschwindigkeit entwickeln, nicht so blindlings wie Pferde, und sie „überlegen", während sie auf der Flucht sind. Das ist auch der Grund dafür, daß Maultiere und Esel kaum jemals in einen Drahtzaun laufen oder von einer Bergkante stürzen, wie es bei Pferden vorkommt.

Als letzte Möglichkeit kann sich der Esel auch für einen Angriff entscheiden, etwas, das ein Wildpferd selten tut, es sei denn, es wird in die Enge getrieben. Maultiere und Esel zögern darum nicht, Hunde anzugreifen, und sie können sogar große Hunde töten. In den frühen Tagen der kalifornischen Besiedelung ließ man Eselinnen in den freilaufenden Stutenherden mitlaufen, um die Fohlen vor Wölfen zu schützen. Esel wurden auch eingesetzt, um Schafherden vor den Koyoten zu beschützen.

Maultierfohlen muß man vorsichtig an Hunde gewöhnen. Sogar wenige Tage alte Fohlen können Hunde angreifen. Sie können allerdings auch Hunden gegenüber desensibilisiert werden und sogar lernen, Freundschaft mit ihnen zu schließen, indem man sie mit Hunden zusammen hält, nur durch einen Maschendraht-

zaun getrennt. Maultierfohlen, die abgesetzt werden, lernen auch, Hunde zu tolerieren, wenn sie mit Ziegen zusammen auf der Weide sind. Ich selbst hatte an dieser Volksweisheit meine Zweifel, fand aber durch Ausprobieren heraus, daß es funktionierte.

Viele der Probleme, die man gewöhnlich bei Maultieren erwartet, können durch Prägungstraining sofort nach der Geburt ausgeschaltet werden. Die Probleme, die ich anspreche, sind folgende:

1) Maultiere lassen ihre Ohren nicht berühren.

Verwenden sie in der allerersten Lektion etwas mehr Zeit auf die Ohren. Bearbeiten sie die Ohren auch in den späteren bekräftigenden Lektionen. Prägungstrainierte Maultiere wehren sich nicht gegen das Berühren ihrer Ohren.

2) Maultiere sind schwer zu beschlagen.

Durch das Prägungstraining werden nach meiner Erfahrung Probleme beim Arbeiten an den Beinen vollständig vermieden. Die Maultiere, die ich großgezogen habe, heben alle ohne Probleme die Hufe auf und lassen sich ausschneiden und beschlagen.

3) Maultiere neigen dazu, sich loszureißen und wegzulaufen.

Nachdem ich meinen Maultieren mit einem Tag bereits das Anbinden und Gehen am Führstrick beibringe, haben sie diese Laster nie entwickelt. Auf jeden Fall aber sollten junge Maultiere immer an einem langen Führstrick geführt werden, mit einem Halfter, durch das sie bestraft werden können, wenn sie das erste Mal versuchen, wegzurennen. Sie werden es früher oder später versuchen, und es ist bei den jungen Maultieren sogar noch wichtiger, dies zu vermeiden, als bei jungen Pferden.

Genauso ist es eine gute Idee, junge Maultiere oder Pferde, möglichst kurz und hoch an einen Gummischlauch anzubinden. Ich mache das ausschließlich so, bis meine Pferde und Maultiere zwei Jahre alt sind und behalte es auch bei älteren Tieren bei.

Es gibt keinen besseren Weg, ihnen beizubringen, daß sie nicht zurückziehen. Das Ziehen an einem soliden, elastischen Schlauch ist kein erfreuliches Erlebnis.

Maultiere sind im Gelände von überragender Trittsicherheit. In dieser Beziehung sind sie meiner Meinung nach den Pferden überlegen. Allerdings können sie sich, auf Grund ihres Mißtrauens und aus Selbstschutz, ziemlich störrisch verhalten. Aus diesem Grund halte ich es für besonders sinnvoll, ein Maultierfohlen neben der Stute herlaufen zu lassen, wie ich es in einem vorausgegangenen Kapitel beschrieben habe. Wenn das Fohlen schon früh lernt, Flüsse und Brücken zu überqueren, steile Hänge hinauf und hinunter zu gehen, Verkehr, Lärm, andere Tiere und andere Umgebungen zu tolerieren, dann wird es später weniger geneigt sein, sich unter dem Sattel störrisch verhalten.

Maultiere zeigen im allgemeinen ein noch stärkeres Sozialverhalten als Pferde und neigen deshalb mehr dazu, „Kleber" zu werden oder am Stall zu kleben. Sie weigern sich manchmal, den Stall zu verlassen oder drängen zurück zum Stall, wenn sie sich einmal von ihm entfernt haben. Wenn der Reiter ein gutes Verhältnis mit dem noch rohen Maultier aufbaut (Bindung und Unterordnung), dann wird es später fremde Umgebungen eher tolerieren. Es hilft auch, wenn man immer andere Wege einschlägt. Bei der Rückkehr zum Stall sollte man manchmal einfach daran vorbeireiten und in eine andere Richtung weiterreiten.

Schließlich, wenn der Ritt zu Ende ist, vermeiden Sie, gleich angenehme Dinge zu tun wie Absatteln, Füttern oder Abwaschen. Statt dessen gestalten sie die Heimkehr etwas ungemütlich, indem sie mit dem jungen Maultier noch etwas im Ring arbeiten, es für eine Stunde mit Gebiß anbinden, oder es einfach für eine Stunde oder zwei anbinden.

Das Kleben an Herde und Stall kann minimiert werden, indem man das Maultierfohlen vom Rücken der Mutter aus in einige Entfernung des Stalls führt und beide für eine Weile dort läßt. Auf diese Weise lernt das Fohlen, daß es keine Katastrophe bedeutet, von zu Hause entfernt zu sein. Später, nachdem das Fohlen abgesetzt wurde, kann es von einem ruhigen, verläßlichen Pferd (oder Maultier) aus vom Stall weggeführt werden.

Wenn möglich, nehmen sie jedes Mal ein anderes Führpferd. Diese Maßnahmen sind für Pferde- und Maultierfohlen von Vorteil, aber weil Maultiere einen stärkeren Herdentrieb haben, ist es für sie besonders wichtig.

Ich raspel bei Jassper, meinem „Reitpferd", die Zähne.

18 DIE AUSWIR-KUNGEN DES TRAININGS AUF DIE STUTE

Ich habe nie gesehen, daß sich eine Stute mit prägetrainiertem Fohlen Menschen gegenüber aggressiv verhält.

Eines der am häufigsten geäußerten Bedenken gegen das frühe Training von Fohlen ist, daß es irgendwie die Bindung der Stute zum Fohlen beeinträchtigt oder daß dadurch die Stute das Fohlen nicht annehmen wird.

Ich habe mit dem, was ich Prägungstraining nenne seit 1967 experimentiert. Ich habe alle meine eigenen Pferde- und Maultierfohlen seit diesem Zeitpunkt trainiert und viele Dutzend

Fohlen meiner Klienten. Ich würde schätzen, daß ich persönlich mehrere Hundert Fohlen aller Rassen trainiert habe. Dazu haben meine Kunden selbst noch viele Hundert mehr trainiert.

1985 machte ich einen Videofilm, der die Techniken verdeutlichte. Der Film war ein großer Erfolg und erregte weltweit Aufmerksamkeit. 1987 setzte ich mich nach einer 32jährigen

Stuten auf der freien Weide sehen viele neue Fohlen.

Karriere als Tierarzt zur Ruhe, und seitdem beschäftige ich mich hauptsächlich damit, auf Seminaren das Verhalten von Pferden und besonders das frühe Fohlentraining zu lehren. Auf meinen Seminaren befrage ich regelmäßig das Publikum, mit welcher Rasse sie sich beschäftigen und ob einige von ihnen bereits bei ihren Fohlen das Prägungstraining anwenden. Zur Zeit der Entstehung dieses Buches arbeiteten bereits zehn bis zwölf Prozent meiner Zuhörer mit dieser Methode bei ihren Fohlen und ungefähr die Hälfte von ihnen bereits mehrere Jahre hintereinander. Sie sind alle mit den Resultaten zufrieden.

Ich frage immer, ob schon jemand den Fall hatte, daß die Stute ihr prägetrainiertes Fohlen nicht angenommen hätte (ich habe diesen Fall noch nie erlebt). Bisher gab es einen Fall, wo die Stute das Fohlen wollte, es aber nicht säugen lassen wollte, was ohne Zweifel auf Grund von Schmerzen am Euter geschah. Unter den Tausenden von Fohlen, die alle schon durch meine Zuhörer trainiert wurden, gab es noch nicht einen Fall, wo die Stute ihr Fohlen zurückgewiesen hätte. Langsam komme ich zu einer Folgerung, deren Richtigkeit nur die Zeit beweisen kann: Die Zurückweisung eines Fohlens durch die Stute kann in den meisten Fällen durch frühes Training vermieden werden!

Warum? Die Mehrheit der Ablehnungen geschehen, weil die Stute Angst vor ihrem Fohlen hat. Am häufigsten sind erstmalig fohlende Araberstuten betroffen. Araber sind eine sehr sensible Rasse. Wegen ihres hohen Wertes läßt man die meisten Araberstuten nicht draußen auf der Weide fohlen. Zuchtstuten auf der Weide sehen viele neugeborene Fohlen. Heute haben viele Stallpferde noch nie ein Fohlen gesehen, bis plötzlich eines in ihrer eigenen Box auftaucht.

So eine Stute ist alarmiert, wenn sie das Fohlen sieht. Sie reagiert auf dieselbe Weise, wie Pferde reagieren, die zum ersten Mal in ihrem Leben ein Schwein, einen Esel oder einen Pfau sehen. Sie haben Angst.

Es gibt einige Stuten, die ihre Fohlen wegen Euterschmerzen nicht saugen lassen, sie können sogar nach dem Fohlen schlagen und es verletzen. Wir sprechen nicht über diese Art der Zurückweisung. Wir sprechen auch nicht über die seltene anormale Reaktion, wo eine Mutter (egal welcher Spezies) ihr Junges angreift und tötet. Wir sprechen über die nicht so seltene Panikreaktion, die manche Stuten zeigen, wenn sie nach dem Abfohlen wieder aufstehen und plötzlich diese seltsame kleine Kreatur in ihrer Box oder ihrem Paddock sehen. Ihr einziger Wunsch ist dann, dem Fohlen aus dem Weg zu gehen.

Die Mehrheit der Fälle von Fohlenablehnung in meiner Praxis traten bei erstmalig fohlenden Araberstuten auf, die nie zuvor Babyfohlen gesehen hatten.

Ich glaube, daß so eine Stute sich sicherer fühlt, wenn sie umherschaut und einen vertrauten Menschen sieht, der sich mit dem Fohlen beschäftigt und es kontrolliert. Als typische Reaktion wird sie bald einen Annäherungsversuch starten und das Fohlen beschnüffeln. Dann wird sie es schmecken (es ablecken). Das ist normalerweise genug. Jetzt sind die Mutterinstinkte geweckt. So wird das Fohlen bald auf die Mutter und den Menschen geprägt und bindet sich an beide.

Ich glaube, das ist der Grund dafür, daß ich bis jetzt noch keinen belegten Fall der Zurückweisung eines prägetrainierten Fohlens hatte. Es wird irgendwann einmal passieren, aber wenn man sich die Statistiken anschaut, denke ich, daß man sagen kann, daß die meisten Fälle von Fohlenablehnung vermieden werden können; besonders deutlich wird das, wenn man bedenkt, daß von 1970 bis 1985 die meisten Zuchtstuten in meiner Praxis Araber waren.

Ich habe noch etwas bei prägetrainierten Fohlen bemerkt. Die Stuten zeigen am nächsten Tag kein aggressives Verhalten dem Menschen gegenüber. Ansonsten ist es sehr verbreitet, daß sogar normal sanfte Stuten einen extremen Beschützerinstinkt für ihr Fohlen entwickeln. Viele dieser Stuten gehen auf jeden los, der sich ihrem Fohlen nähert. Oft schon mußte ich eine Stute über den Zaun hinweg mit einem Rope einfangen, bevor ich es riskierte, ihr Fohlen zu untersuchen.

Ich habe dieses Verhalten *nie* bei einer Stute mit prägetrainiertem Fohlen gesehen. Auf allen meinen Seminaren befrage ich die Leute, ob jemand von ihnen das je erlebt habe. Bis jetzt habe ich noch keinen gefunden. Warum?

Ich vermute, daß die Stute, wenn sie nach der Geburt aufsteht, den Geruch der Plazentaflüssigkeit an meinen Händen wie am Fohlen wahrnimmt. Das weckt den Mutterinstinkt in ihr. Ich denke, daß dann einer Dreier-Bindung stattfindet: von der Stute zum Fohlen zum Menschen.

Offensichtlich verdient dieses ganze Thema weitere Untersuchungen und bedarf weiterer Erkenntnisse. Das wichtige, was ich bis jetzt sagen *kann*, ist, daß die Zurückweisung prägetrainierter Fohlen von Seiten der Stute kein Problem darstellt.

Natürlich spreche ich über gut erzogene, halterführige Stuten. Stuten, die kaum Kontakt mit Menschen hatten und nicht einmal lenkbar und an das Halfter gewöhnt sind, sind wieder etwas anderes. Ihre Angst vor Menschen wird sich auf das Fohlen übertragen. Wie ich bereits mehrmals erwähnt habe, sollte keine Stute gedeckt werden, bevor sie nicht halterführig ist und Manieren gelernt hat - und, idealerweise, auch zugeritten ist. Gute Züchter sind nicht stolz auf wilde oder schlecht erzogene Zuchtstuten.

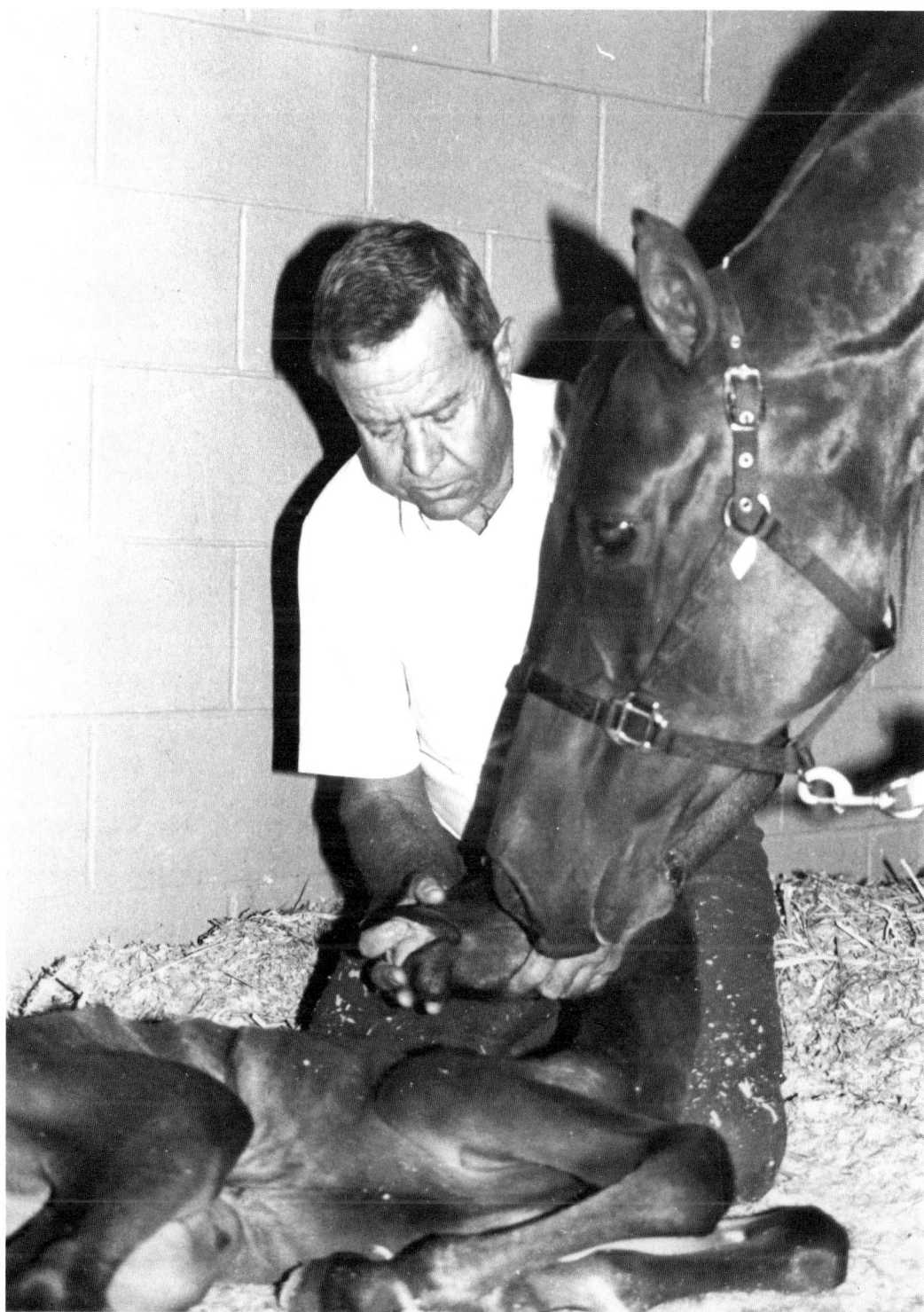

Ich glaube, daß sich eine Stute sicherer fühlt, wenn sie sieht, wie eine vertraute Person sich mit ihrem Fohlen beschäftigt; es gibt ihr das Gefühl, daß dieses seltsame kleine Wesen in Ordnung ist, und sie wird es akzeptieren.

NACHWORT

Im ersten Kapitel dieses Buches habe ich vorausgesagt, daß erfahrenere Pferdetrainer als ich diese Methode des Prägungstrainings übernehmen werden und damit Dinge erreichen werden, die ich nie erreichen kann.

In dem Jahr, das zwischen dem Schreiben dieses Buches und seinem Erscheinen verging, erfüllte sich diese Vorhersage. Aber zuerst möchte ich ihnen noch etwas Hintergrundinformation geben.

Im Sommer 1988 machte ich mit dem Pferdetrainer Pat Parelli aus Kalifornien eine Tournee durch Australien. Pat zieht es vor, wenn man ihn einen Verhaltensforscher und Lehrer nennt. Er ist all das, und ich finde, er ist ein Pferdekenner im wahrsten Sinne des Wortes. Wir hielten eine Serie von Seminaren für die Australier ab, und dabei waren wir intensiv mit den Ideen des anderen konfrontiert.

Pat hörte wiederholt meine Vorlesungen über das Training neugeborener Fohlen, er sah meine Filme und Demonstrationen und konnte die Wirkung meiner Methode beobachten.

Ohne mein Wissen begann er mit dem Prägungstraining auf seiner eigenen Ranch, und im April 1991 hatte ich das Privileg, die Ergebnisse zu sehen. Sie sind sensationell. Er hat meine Methode zu einem siebentägigen Trainingsprogramm erweitert, welches mit der Geburt beginnt.

Pat Parelli, ein Pferde-Verhaltensforscher u. Lehrer

Es beinhaltet noch viel mehr Menschenkontakt des neugeborenen Fohlen als ich es je praktiziert habe. Auf jeden Fall mehr, als ich in diesem Buch beschrieben habe. Es beinhaltet die meisten Techniken, die hier beschrieben sind, mit ein paar Abweichungen. Parelli hat, wie ich vorhergesagt hatte, daß es früher oder später jemand tun würde, bestimmte leistungsbezogene Faktoren miteinbezogen, wie zum Beispiel den Galoppwechsel.

Nach dem siebentägigen Programm, das er eine „Investition für die Zukunft" nennt, kommen seine Fohlen auf die Weide und werden für das nächste Jahr allein gelassen, bis auf ein Minimum an Parasitenkontrolle, Impfungen und Ausschneiden. Als Pats Jährlinge im April '91 von der Weide geholt wurden, hatten sie, nach meiner eigenen Erfahrung, gute Manieren, reagierten gut und waren brav.

Prägungstraining funktioniert, und es funktioniert zuverlässig, und ist sehr, sehr effektiv.

Für mich ist es sehr befriedigend, zu sehen, wie ein geschickter Pferdekenner diese Methode mit eigenen Neuerungen und Veränderungen so erfolgreich einsetzt. Ich denke, es ist nur der Anfang einer neuen Ära im Umgang mit Pferden.

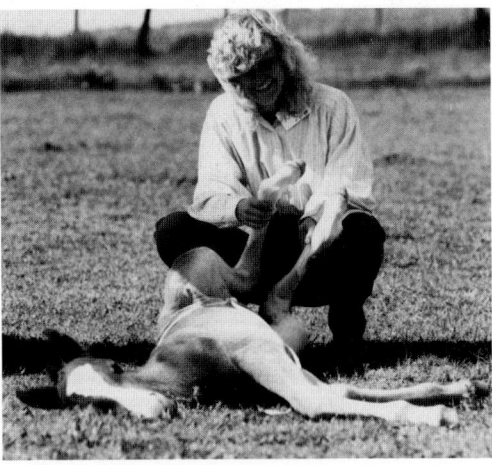

Eine Studentin arbeitet mit einem total entspannten, trainierten Fohlen auf Pats Ranch.

142

ZUSAMMENFASSUNG

Ein idealer Trainingsplan für das neugeborene Fohlen:

1) Erste Lektion - Unmittelbar nach der Geburt. Das ist die Prägephase. Nehmen Sie die einzelnen Schritte der Desensibilisierungs-Prozedur vor, wie sie in Kapitel 7 beschrieben werden. Es sollte ungefähr eine Stunde dauern.

2) Zweite Lektion - Nachdem das Fohlen aufgestanden ist. Das sollte innerhalb weniger Stunden nach der Geburt sein. Desensibilisieren Sie das Fohlen wie in Kapitel 8 beschrieben, und sensibilisieren Sie es, wie in Kapitel 9 beschrieben.

3) Dritte Lektion - Sobald das Fohlen sich koordiniert umherbewegen kann. Das ist normalerweise zwischen 12 und 24 Stunden nach der Geburt, hängt aber von Kraft und Koordination des Fohlens ab. Sie sollten dies nicht tun, solange das Fohlen schwach und schlaksig auf den Beinen ist, aber je eher, um so einfacher wird es sein. Bringen Sie dem Fohlen bei, angebunden dazustehen, wie in Kapitel 10 beschrieben.

4) Vierte Lektion - Am nächsten Tag. Wiederholen sSie alle Reaktionen, besonders Führen und Anbinden. Verladen Sie die Stute und das Fohlen in einen Anhänger.

5) Fünfte Lektion - Am nächsten Tag. Bekräftigen Sie alle Reaktionen. Das Fohlen sollte jetzt gut halterführig sein.

6) Eine Woche alt - Führen Sie das Fohlen vom Rücken der Stute aus, wie es in Kapitel 11 beschrieben ist. Benutzen Sie ein loses Seil um die Hinterhand.

7) Acht Tage alt - Wiederholen Sie alle Maßnahmen. Führen Sie wieder von der Stute aus. Heute sollte das Fohlen bereits im Trab nebenherlaufen. Tut es das, dann versuchen Sie es mit einem festgestellten Butt Rope, wie in Kapitel 11 beschrieben.

8) Neun Tage alt - Wiederholen Sie alle Maßnahmen. Führen Sie das Fohlen im Schritt an der Hand. Lehren Sie es stehenzubleiben und rückwärts zu treten.

9) Zehn Tage alt - Bekräftigen Sie noch einmal. Führen Sie das Fohlen wieder. Bringen Sie ihm bei, still stehenzubleiben, wie in Kapitel 12 beschrieben.

10) Zwei Wochen alt - Wiederholen Sie. Führen Sie das Fohlen. Dann führen Sie es vom Rücken der Stute und versuchen ein paar der leistungsorientierte Übungen, die in Kapitel 13 beschrieben werden.